Baz Biblik Maryaj la

Baz biblik maryaj la

Otè yo: Patricia & Germán Picavea

Pibliye pa Ministè Antrènman Disip Rejyon Mezoamerik (MEDFDI)

Kopi yo kapab fèt nan paj sa yo pou liv pèsonèl ak lizay nan legliz la. Ou ka jwenn vèsyon elektwonik liv sa a nan: www.MedfdiRessources.MesoamericaRegion.org/

Legliz Nazareyen, Rejyon Mezoamerik

Copyright © 2022 Tout dwa rezève.

ISBN: 978-1-63580-314-3

Editè: Monte Cyr

Fòmatè liv la: Bethany Cyr

Tradwi pa Dezama Jeudi

Moun ki trase a se Slater Joel Chavez

Sèlman si yo endike lekontrè, tout sit biblik yo soti nan Bib Vèsyon Jerizalèm 1999, © Sosyete Biblik Rasanble yo. Tout dwa yo rezève.

Enprime nan peyi Gwatemala

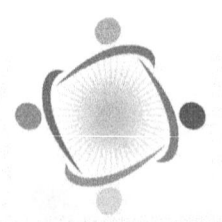

Tab Matyè

PREZANTASYON 4

ENSTRIKSYON YO 5

Leson 1: Orijin ak nati maryaj la 7

Leson 2: Objektif maryaj la 15

Leson 3: Lanmou an, relasyon ki bon nèt la 23

Leson 4: Kite...kòmansman yon nouvo inite 33

Leson 5: En plis en egal ak en 39

Leson 6: Egal, diferan ak konplemantè 47

Leson 7: Jouskaske lanmò separe yo 57

Leson 8: Restorasyon modèl original la 65

Nòt ak Bibliyografi 77

Prezantasyon

Seri kou oto-etid sou DISIP YO NAN MINISTÈ A te mete sou pye pou tout disip Seyè Jezi yo ki nan tout mond lan ki pare pou akonpli misyon "fè disip nan tout nasyon yo" (Matye 28:20).

Yon disip se yon elèv mèt li. Nan ka disip Kris yo, non sèlman n'ap swiv Mèt nou an, men tou, nou vle vin menm jan avèk Li. Reyèlman nou pa kapab menm imite li. Dosye fòmasyon disip kretyen an gen pou wè avèk pèmèt ke Jezi vin chèf, epi Seyè tout sa ke nou ye. Sa vle di, se pou l pran kontwòl lavi nou totalman. Lè ke Jezi pran kontwòl tout lavi nou totalman, se lè sa a l'ap kòmanse "ye ak fè" nan nou, menm plis pase sa ke nou ta kapab "ye ak fè" pou nou menm. Konsèp fòmasyon disip yo se pou tout lavi.

Menm jan avèk tout pwosesis, fòmasyon disip yo genyen etap yo. Premye etap la se aksepte Jezi kòm Sovè e Seyè epi aprann de sa siyifi remèt tout volonte nou jouskaske nou rive nan moman espesyal kote ke Jezi pran kontwòl chak aspè nan lavi nou. Nan moman sa a, Bondye "k'ap travay tout tan nan kè nou. Se li ki ban nou anvi fè sa ki pou fè l' plezi ansanm ak fòs pou nou ka fè l' vre" (Filipyen 2:13) nan nou. Si Bondye pa pran kontwòl tout lavi nou konplètman, nou pap kapab sèvi li. Se li menm ki dwe pwodwi nan nou, anvi a avèk fè a. Sèlman aprè "ye" a, nou kapab pase nan etap "fè a".

Apot Pòl di ke "Se Bondye ki fè nou. Nan Jezikri li kreye nou pou nou ka fè anpil bon zèv nan lavi nou, dapre sa li te pare davans pou nou te fè" (Efezyen 2:10). Kounye a ke nou vin fè pati Kò Kris la (Legliz la), epi Jezi kòm tèt ki kontwole nou an, konsa, nou dwe jwenn kòman nou kapab vin plis itil pou kò a. Dezyèm pati fòmasyon disip la se prepare nou "pou travay ministè a, pou edifikasyon kò Kris la" (Efezyen 4:12).

Kaye otoetid sa yo pral ede nou plis angaje nou nan apèl pou sèvi Jezi ki se Kris la ke Bondye te bay pou nou chak. Kounye a nou se "Men nou menm, nou se yon ras Bondye chwazi, yon bann prèt k'ap sèvi Wa a, yon nasyon k'ap viv apa pou Bondye, yon pèp li achte. Li fè tou sa pou n' te ka fè tout moun konnen bèl bagay Bondye te fè yo, Bondye ki rele nou soti nan fènwa a pou nou antre nan bèl limyè li a" (1 Pyè 2:9). Youn nan pi bon fason pou ke nou anonse bonte Jezi yo se lè nou demontre kilès ke Li ye atravè yon ministè nan legliz lokal nou an, sa vle di, travay kòm yon manm ki reyèl epi k'ap bay fwi nan kò Kris la.

Pwogram sa pou Disip yo ki nan Ministè a genyen sis sesyon an jeneral ak nèf lòt e sis ki espesyalize nan chak ministè espesifik. Sis premye kou yo pral oryante nou nan etap de baz yo nan ministè a: (1) Kilès Jezi ye, epi kisa sa vle di swiv li? (2) Kisa sa vle di viv nan Kris la? (3) Kisa sa vle di fè pati pèp Bondye a ? (4) Kisa sa vle di grandi nan resanblans Kris la ? (5) Kisa sa vle di vin yon lidè ? (6) Kisa sa vle di vin yon lidè sèvitè ? Nèf lòt kou ki manke yo pral ofri nou plizyè matyè ki baze sou plizyè ministè diferan tankou "Evanjelizasyon", "Pastè ki nan pansyon", "Ministè Lekòl Dominikal ak Fòmasyon Disip", "Kominikasyon", "Konpasyon", "Jèn yo", "Fanm", "Misyon yo" ak "Marye yo".

Priyè nou pou ou se pou w rive jwenn wòl ou nan "Kò Kris" la, epi pou ke seri kou sa a ede w vin yon disip ki angaje nan ministè a. Pou rezon sa Bondye te sove w epi kounye a ou fè pati Kò Kris la.

Dr. Christian Sarmiento
Direktè Rejyonal
Legliz Nazareyen
Amerik Disid

Enstriksyon yo

ateryèl ou genyen nan men w lan fè pati de youn nan kou Pwojè Disip yo nan Ministè a (DEM) k'ap chèche "fòme sen yo pou yo kapab devlope ministè yo" jan sa etabli nan Pawòl Bondye selon Efezyen chapit 4 vèsè 12.

Se plizyè kalite otè ki te elabore materyèl sa nan lide pou ba ou yon resous otoansèyman pou w devlope ministè ke Seyè a te rele w vin devlope nan legliz lokal la avèk efikasite.

An reyalite, materyèl sa pa la pou ranplase yon preparasyon akademik fòmèl pou moun ke Bondye rele pou dedye tout lavi yo nan minsitè a, paske pou sa genyen plizyè enstitisyon edikasyon teyolojik nan plizyè peyi diferan nan Rejyon nou an.

Fason pou nou itilize materyèl sa:

Kou sa divize an wit leson, pou moun kapab etidye yo, menm si se sou fòm endividyèl oubyen gwoupal. Si sa posib pou etid la fèt an plizyè ti gwoup, nou kwè ke li t'ap pi bon toujou pou tout moun.

Materyèl la elabore pou otoetid epi li pa egzije yon monitè-gid ; sepandan, si kèk pastè oubyen lidè ki avanse nan legliz lokal la yo kapab ede nou, nou sèten ke èd sa ap bay anpil benefis.

Ou kapab deside tan ou panse k'ap pi bon pou w etidye chak leson. Modèl yo kapab varye epi nou atann ke genyen aranjman nan orè a. Sonje ke pou pi piti, fòk ou etidye yon leson pa semèn.

Avan w kòmanse chak leson, ou dwe rann ou kont de bagay sa yo:

- Pase yon moman nan lapriyè avan w kòmanse avèk etid la.
- Ou dwe genyen yon Bib nan men w yon fason pou w kapab itilize lè yo ba w kèk vèsè kòm referans nan chak leson yo.
- Nou mande w pou w fè yon leson alafwa epi pran tan pou w reponn tout kesyon ki soulve yo menm jan avèk fè aktivite ki pwopoze yo epi rive atenn objektif ki etabli yo.

Nan chak leson, w'ap jwenn plizyè seksyon diferan ki idantifye avèk pwòp desen pa yo. Pou kontinye, n'ap eksplike w siyifikasyon chak seksyon sa yo.

 **OBJEKTIF YO:** Objektif yo se reyalizasyon ke ou rive atann lè w fini leson an. Nou mande w pou w li yo epi lè leson an fini, mande tèt ou èske rèv yo reyalize. Objektif sa yo la pou ede w oryante valè w yo, konviksyon yo kòm kretyen, menm jan ak sa ke nou bezwen konnen pou nou akonpli ministè nou.

 **LIDE PRENSIPAL YO:** Nan seksyon sa a, w'ap jwenn yon rezime aspè ki plis enpòtan yo nan leson an. Sa ke ou li la a, se li menm ki pral detaye nan tout leson an pandan toutan. Nou ankouraje w ke lè w fini leson an, retounen nan lide prensipal yo epi reyafime konsèp santral ke w te aprann yo.

ÈD PEDAGOJIK YO: Nan kolòn goch chak leson w'ap jwenn kèk konsiy ki gen relasyon avèk tèm ke w'ap devlope a. Nan pi fò nan ka yo, se kesyon oubyen endikasyon k'ap ede w nan konpreyansyon ak dyalòg avèk matyè yo.

 **NÒT KONPLEMANTÈ YO:** Se yon bann pwen ki genyen kèk enfòmasyon adisyonèl k'ap pèmèt ou apwofondi nan kontni ke w'ap etidye a.

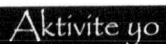 **AKTIVITE YO:** Lè chak leson fini, w'ap jwenn kèk leson pou w ranfòse sa ke w te aprann yo atravè kèk kesyon, chema oubyen yon konsin karaktè pratik. Nou konseye w mete tan disponib pou w reyalize chak aktivite, li menm k'ap pèmèt ou evalye pwòp tèt ou an relasyon avèk aprantisaj la.

Nou ankouraje w kontinye pou pi devan nan kwasans espirityèl ou antan ke lidè legliz Jezi ki se Kris la. Bondye konsève yon bèl ministè pou ou nan legliz lokal la epi nou espere ke kou sa a akonpanye w epi enstwi w pou w kapab akonpli bèl travay sakre sa a.

Orijin ak nati maryaj la

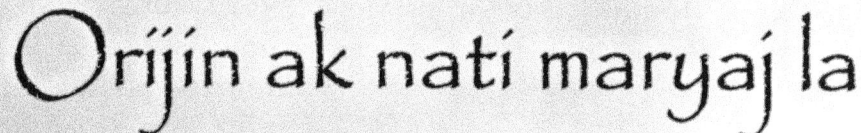

Leson 1

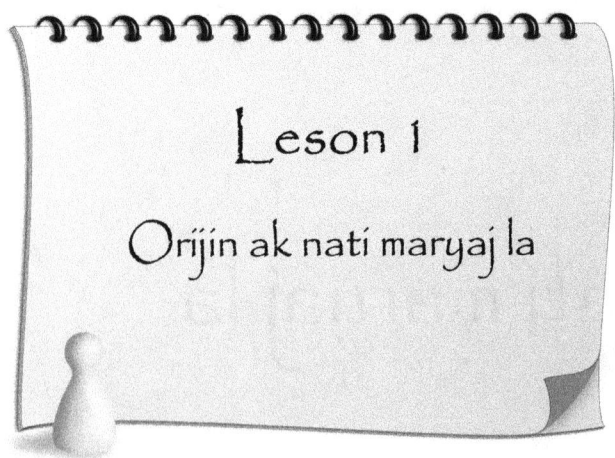

Leson 1
Orijin ak nati maryaj la

- Evalye orijin ak nati maryaj la daprè Bib la.

LIDE PRENSIPAL YO

- Orijin maryaj la plase nan Bondye menm. Se Bondye menm ki te panse, li te trase epi reyisi fè maryaj la vin yon enstitisyon ki vin bon nèt.
- Bondye (Papa, Pitit ak Sentespri a) te la nan kreyasyon lòm (gason ak fanm) epi nan enstitisyon matrimonyal (etewoseksyèl ak monogam) kòm nwayo santral limanite.
- Maryaj la pote imaj Bondye nan mond lan nan fason ke y'ap viv chak jou pa mwayen gras ak padon, mizèrikòd ak lanmou youn pou lòt.

Entwodiksyon

Lè nou gade nan Bib la epi chèche orijin maryaj la, nou pa kapab neglije de premye chapit liv Jenèz yo. Okontrè, se yon obligasyon pou nou fè sa. Sa se kòmansman tout bagay, la nou jwenn Kreyatè a ak kreyasyon an jan ke Li te fè l la. Tout sa ki anrejistre nan 56 chapit sa genyen yon ekspozisyon majistral ki debaz epi fondamantal pou yon konpreyansyon ki adekwa sou tout bagay ki pale de Bondye ak kreyasyon li. Ann gade sa nou jwenn osijè de maryaj ebyen.

Orijin li

Ki kote maryaj la sòti? Ki orijin li? Kisa ki te dèyè lide a ? Maryaj la, èske li genyen yon orijin reyèl oubyen se yon rezilta ki natirèl nan menm lòm nan: pran nesans, repwodwi epi mouri?

Lè nou chèche orijin maryaj la, prèske toujou, lespri nou baze sou Jenèz 2 :24 kòm vèsè baz maryaj la. Se pa mal, tout krisyanis la pase plizyè santèn lane ap soutni sa. Epi sa se konsa paske nou konprann ke nan sizyèm jou a, aprè kreyasyon tout bagay, Bondye te mande pou ke de zòm (yon gason ak yon fanm), kite fanmi yo pou yo mete tèt yo ansanm totalman (pou yo te fonn youn nan lòt literalman) nan relasyon ki plis pwofon ke yon gason ak yon fanm kapab eksperimante, epi devlope yon pwojè ansanm ki pote non maryaj, "...epi n'ap vin fè yon sèl chè".

Men nan pwen sa, kesyon ki prezante a se: èske se nan moman sa ke Bondye te kreye maryaj la? Si nou fè yon lekti avèk anpil atansyon, depi nan kòmansman liv Jenèz la, nou pral note ke tout bagay te déjà kòmanse depi avan. Nan pasaj Jenèz 1 :1 -25 rakonte nou kòman Bondye te kreye yon sèn ki pafèt, konplètman amonik, kote ke chak bagay ki kreye te genyen yon plas nan tablo pèfeksyon an, rezon egzistans li ak yon objektif ki byen defini. Pa genyen okenn kote nan tèks ki voye nou panse ke Bondye te kreye yo konfòm a chak nesesite ki ta gen pou prezante. Se mwen pou ke nou ta panse ke kreyasyon lòm nan (gason ak fanm) te rive reyalize paske Bondye te rann li kont ke te manke yon bagay, non!

> Maryaj la pat yon konsekans aprè lòm nan te fin kreye, men se depi davans Bondye te panse avèk li.

Se te yon plan ke Kreyatè a te byen panse. Li te gentan konnen tout bagay. Nan yon lòt fason, li enpòtan pou ke nou poze tèt nou kesyon, pou kilès moun tout sa ki te kreye yo te ye si se pat pou limanite (Adan[1])?

Pou nou kontinye, nou wè ke, selon Jenèz 1 :26, nan konvèsasyon Bondye avèk pwòp tèt li, Li te demontre kreyasyon lamarye a lè li te pwopoze lide pou l kreye yon moun (Adan) ak imaj li epi sanble avèk li ki ta de sèks (maskilen ak feminen) epi kapab repwodwi epi "...ranpli tout tè a..." (Jenèz 1 :28). Apati de la, nou kapab di ke se Bondye ki te panse pou maryaj la depi menm nan kòmansman. Nou dwe pran nòt ke pandan ke tout lòt zèt vivan yo te kreye "daprè espès yo", lòm (gason ak fanm) te kreye "ak imaj li"; epi Bondye chanje "pwodwi" pa "ann fè" ki demontre entèvansyon dirèk li. Nan sans sa a, maryaj la pat yon bagay ki te monte nan lespri Bondye aprè ke li te fin kreye lòm, men se depi avan Bondye te déjà panse avèk sa. "Sa vle di ke, nan yon fason, nou se imaj Bondye pou sa ki gen pou wè avèk konpleman sèks yo. Antan ke gason epi antan ke fanm, nou rann maryaj Bondye a ki envizib vizib".[2] Nonm nan avèk fanm nan te déjà nan lespri ak kè Bondye depi nan kòmansman kòm de moun ki menm jan epi ki genyen menm matyè pou konfòme maryaj la.

> ¿ Ki kote maryaj soti? ?

DISIP YO NAN MINISTÈ A

> "Pou nenpòt ki bagay" Matye 19:1. Konklizyon sa se yon alizyon nan diskisyon ant de lekòl teolojik osijè de sans Detewonòm 24:1. Lekòl Shammai te adopte pozisyon sevè epi ki pa popilè sou kesyon divòs la se sèlman pou mank de onètete, pandan ke lekòl Hillel te adopte pozisyon liberal ak popilè de yon divòs ki fasil pou mari a epi pou nenpòt rezon ki pasaje. A.T. Robertson. Kòmantè sou tèks grèk nan Nouvo Testaman an. Editoryal Clie, España, ane 2003 pp 51-52

Jezi, Bondye ki te vin fèt nan lachè a, li te souliye pwen sa lè ke nan Mak 10 :2-12 ak Matye 19 :1.12, nou li ke li te fè fas ak farizyen yo osijè de divòs. Li enpòtan pou souliye ke kesyon farizyen yo te baze sou Detewonòm 24 :1-4, men Jezi te pase pi wo pase yo epi li te fè referans ak orijin nan (ke yo menm yo te konnen byen) lè li te endike yo ke depi nan kòmansman, Kreyatè a te kreye gason ak fanm pou ke yo chak te kite fanmi manman ak papa yo pou fè yon sèl epi pèsòn pa gen dwa pou separe sa ke Bondye te mete ansanm. Nan yon fason ki byen sevè, Jezi plase Bondye kòm Kreyatè lòm, nan de jan yo sèlman (maskilen ak feminen), ak maryaj pou toutan an entèripsyon moun. Kòm repons sou sa, Jezi te mete fen lè ke li te di konsa : "Konsa, yo pa de ankò, men yo fè yon sèl kò. Se poutèt sa, pesonn moun pa gen dwa separe sa Bondye mete ansanm" (Matye 19 :6). Jezi te kapab toujou itilize anpil lòt agiman pou l reponn, men li te chwazi ale nan kòmansman avèk yo pou montre yo ki kote maryaj la sòti. Se Bondye ki orijin li.

Nati li

Èske w te konn tande yon pwovèb lari ki di "Menm bwa a, bay menm ne a"? Sa vle di ke ne bwa a genyen menm karakteristik ki sòti nan bwa a, epi nòmalman li itilize nan konbit familyal pou siyale resanblans ant paran ak pitit yo. Nan yon sans ki plis laj, li fè referans pou ke tout bagay yo, nan yon fason oubyen yon lòt, konsève resanblans avèk orijin li oubyen kote li sòti a. Maryaj la se pa eksepsyon an. Si nou konprann ke se Bondye ki orijin kote ke maryaj la sòti dirèkteman nan Li menm, nou dwe konsyan de tout enplikasyon ke sa genyen sou nati li a.

Nan premye pozisyon, **maryaj la se yon bagay ki sakre**. Li sakre nan tout sans epi depi nan kòmansman ak fen. Li

¿ Pou ki rezon ke nou di ke maryaj la se yon bagay ki sen? ?

sa paske li genyen orijin li nan Bondye, li menm ki sen nan tout esans li epi li te kreye maryaj la kòm inyon sakre ant yon sèl gason ak yon sèl fanm jouskaske lanmò separe yo. Atravè prezans li, se Bondye menm ki te sanntifye inyon matrimonyal la pandan ke li se otè premye maryaj la (Matye 19:4-6). Nou dwe sonje ke maryaj la te la depi avan peche a epi Bondye te kreye lòm ak maryaj la pou akonpli misyon li (Jenèz 1:28-31).

Bondye te enplante maryaj la pou ke chak konjwen kapab wè Bondye nan lòt la paske, lòt la menm jan avèk li te kreye ak imaj ak resanblans Bondye. Maryaj la se pi bon teren ki pèmèt ke nou konekte nou avèk Kreyatè a, kote ke de manyè pratik ak jounalyè nou dwe viv relasyon lafwa ki fè nou vin pi pwòch Li (Matye 7:12; 1 Korentyen 13:4-8a; Efezyen 5:21-33 ak Ebre 13:4, ak anpil lòt ankò. Souvan fwa nou wè kijan inyon sa dezonore epi devalorize avèk tout pratik ke sosyete a pwopoze mete nan plas nati maryaj la ki sen.

> Bondye te enplante maryaj la pou ke chak konjwen kapab wè Bondye nan lòt la paske, lòt la menm jan avèk li te kreye ak imaj ak resanblans Bondye.

Nan dezyèm pozisyon, **maryaj la etewoseksyèl ak monogam**. Bondye te kreye nonm nan ak fanm nan, youn pou lòt. Jan ke sa deja mansyone nan Jenèz 2:24, li di konsa ke nonm nan pral mete tèt li ansanm ak fanm nan epi yo de a ap vin tounen yon sèl chè. Yon referans ki klè a yon relasyon inite total ki gen pou wè avèk yon inite seksyèl ant fanm nan ak gason an. De zèt ki genyen anpil kapasite (etewoseksyèl) pou inyon sa menm nan diferans fizik ki fè youn konplete lòt. Yon gason ak yon fanm, lè yo mete tèt yo ansanm nan maryaj, yo tou mete tèt yo ansanm ak Bondye nan akonsplisman misyon Bondye a: "...fè anpil pitit".

Kesyon etewoseksyèl la pa yon erè ke Bondye te fè, sa te nan tèt li depi nan kòmansman paske sa te fè pati de misyon li. Li fè pati kreyasyon Bondye a menm.

> ¿ Pou kisa w panse ke nan tan kounye a moun yo refize maryaj etewoseksyèl ak monogam nan? ?

Monogami an fè pati de nati maryaj ke Bondye te kreye a. Pa genyen anyen nan vèsè biblik la ki pèmèt nou panse lòt mwayen pou fè fwaye. Se menm jan ke nou kapab jwenn anpil envestigasyon ki apwouve valè monogami an pou konjwen yo avèk pitit yo. "Sosyològ ameriken Paul

Amato ekri: Nan konparezon avèk ti moun yo ki kwè nan yon fanmi ki etabli avèk papa ak manman, ti moun ki pran nesans andeyò maryaj yo rive vin gran moun avèk mwens fòmasyon, yo genyen mwens ekonomi, yo vin genyen yon sitiyasyon ki mwens pwofesyonèl ak plis posiblite pou yo rete san anyen fè (sa vle di, san travay ni etid k'ap mache),li plis pwobab pou ke pitit fi yo genyen yon pitit andeyò maryaj, ke eksperimante maryaj ki plis bay pwoblèm, yon bon kantite divòs epi reprezante plis depresyon".[3]

Nan twazyèm pozisyon, maryaj la se yon bon bagay. Tout bagay ke Bondye kreye se bon bagay yo ye. Nan tout pwosesis kreyasyon an, Bondye te fè yon ti poze senk fwa pou ke li te konplete zèv kreyasyon an avèk pwòp men li epi fè referans ak li kòm bagay ki bon, "Epi Bondye te wè li bon" (Jenèz 1:10 ; 12 ; 18 ; 21 ak 25). Men aprè kreyasyon maryaj la, lè n'ap obsève kreyasyon an totalman, li te konkli pou di "li bon nèt" (Jenèz 1:31). Yon ekspresyon san dout ki fè referans ak konklizyon yon plan ki byen panse ak egzekite, yon plan ki genyen lòm k'ap viv nan fwaye a.

Sèl kote ke Bondye te eksprime li negativman se lè li te wè èt imen sa ki se (Adan) sèlman, epi li di "Li pa bon..." Li t'ap di ke lòm nan (Adan) te kreye pou viv an kominote, men se pa pou kont li, nan sosyete. Se yon èt ki atache ak lòt moun natirèlman. Jounalis Katherine Price, nan liv li fenk ekri ki pote tit How to Break Up With Your Phone: The 30-Day Plan to Take Back Your Life (Kòman w kapab separe avèk telefòn ou : Yon plan 30 jou pou w kapab rekipere lavi w) li di ke "Nou menm lèzòm nou se yon kreyati ki trè sosyal, epi nou toujou vle pou nou fè pati de yon gwoup. Sa ki tèlman etranj se paske non sèlman jijman lòt moun enterese nou anpil, men tou nou mande yo jijman menm. Nou pibliye anpil foto ak kòmantè pou nou demontre lòt moun yo ke nou merite lanmou, ke nou popilè epi, nan yon plan ki plis reyèl, nou atire atansyon, epi aprè nou fin gade telefòn nou avèk gwo atansyon pou nou wè si anpil lòt moun—oubyen omwen pèfil an liyi li yo dakò".[4]

> Èske w dakò avèk enfòmasyon sa yo? "Maryaj la se yon bagay ki plis pase yon relasyon emosyonèl. Li reprezante yon byen sosyal tou..." Fè kòmantè sou sa.

> Lòm nan se yon èt sosyal akoz de nati li. Newosyans lan afike ke sa ki plis enpòtan pou lasante mantal la se entèraksyon avèk lòt moun. ...maryaj la se yon bon bagay, li fè lòm nan byen anpil paske li ba li posiblite pou l sòti nan li menm epi rantre nan yon relasyon avèk yon lòt epi pataje tout li menm.

Jounen jodi a, newosyans lan afike ke sa ki plis enpòtan pou lasante mantal la se entèraksyon avèk lòt moun. Apati de la, maryaj la se yon bon bagay, li fè lòm (gason ak fanm) nan byen anpil paske li ba li posiblite pou l sòti nan li menm epi rantre nan yon relasyon avèk yon lòt epi pataje tout li menm. "Maryaj la se yon bagay ki plis pase yon relasyon prive emosyonèl. Li reprezante yon byen sosyal tou...Kominote ki genyen anpil maryaj k'ap byen mache yo ofri pi bon byennèt pou ti moun yo, fanm ak gason yo pase sa yo ki genyen yon wo nivo divès, anpil nesans ti moun andeyò maryaj, konfliktif oubyen vyolans. Anplis de sa, benefis yon kilti matrimonyal solid depase liy tout ras, yon kilti ak klas sosyal. Avèk yon vizyon lasante piblik, enpak fwaye a enpòtan anpil".[5]

Daprè modèl orijinal la, fanm ak gason k'ap viv anba konsèp maryaj la konsidere kòm "bon nèt" (Jenèz 1:31) déjà yo plase nan plas ki kòrèk la nan tablo kreysyon an ki konplèt.

Nan katriyèm pozisyon, maryaj la se imaj Bondye. Li senp pou nou panse ke fanm nan ak gason te kreye selon imaj Bondye, men se pa menm bagay la pou maryaj la. Nan yon mond ki tache ak peche kote ke maryaj la ap pran anpil kou, li difisil pou nou panse ke relasyon fanm ak gason ki fè yon sèl nan maryaj la se imaj Bondye.

Se pa yon kout chans Se ke Bib la travèse depi Jenèz pou rive nan liv Revelasyon an avèk analoji maryaj pou montre relasyon Bondye avèk pèp li a epi Kris ak legliz li. Kantite referans ke nou jwenn yo anpil nan Bib la ki gen pou wè avèk pasyans, lanmou, padon ak mizèrikòd Bondye pou pèp li a ak lanmou sakrifis la ak remisyon total Kris la pou legliz li. Tout karakteristik ke Bondye mande gason ak fanm nan nan maryaj la (Oze, Efezyen 5:21-33). "Maryaj la kapab yon kote ki apa, yon relasyon ki pwoklame mond lan lanmou Bondye. Toutotan ke yon koup kontinye ap viv ansanm, malgre yo pa pafè, se angajman k'ap kontinye ant Kris ak legliz li".[6]

Lè gason an ak fi a mete lavi yo ansanm nan relasyon matrimonyal yo genyen bèl opòtinite pou pote imaj Bondye nan mond lan jodi a; pa mwayen lavi chak jou nan lagras ak padon, mizèrikòd ak lanmou ant konjwen yo, Bondye manifeste nan yo tout.

¿Si maryaj la se imaj Bondye pa nati, pou kisa w panse ke genyen tout divòs sa yo ak lamarye ki mal alèz pami sa yo ki pwofese lafwa nan Jezi ki se Kris la?

Aktivite yo

Enstriksyon yo

Ki bagay tou nèf ou te aprann?

_____
_____
_____

Eske w kwè ke sa w te aprann nan leson sa ap enpòtan pou ministè lamarye yo? Pou kisa?

_____
_____
_____
_____
_____
_____

Nan yon fason ki pratik, kòman ou kapab aplike sa w te aprann yo nan pwòp lavi pa ou ?

_____
_____
_____
_____

Objektif maryaj la

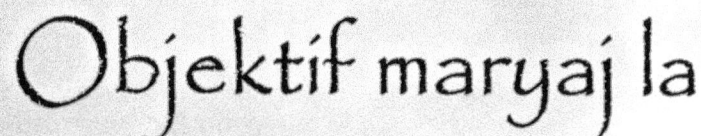

Leson 2

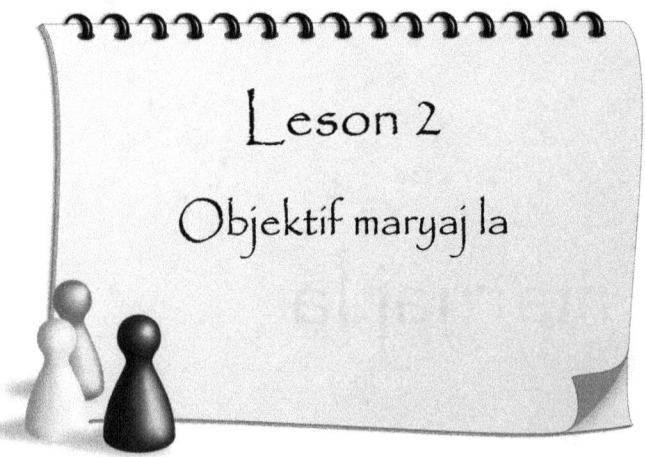

Leson 2
Objektif maryaj la

OBJEKTIF YO

- Konnen plan Bondye pou maryaj la atravè limyè Pawòl la epi kòman koneksyon sa yo nan lavi chak jou ede pou anrichi relasyon konjwen yo.

LIDE PRENSIPAL YO

- Bondye te kreye maryaj la avèk plizyè objektif ke nou pa dwe janm inyore tan ap pase.
- Akonpayman an se yon bagay ki enpòtan anpil pou lòm nan, epi Bondye te déjà rekonèt sa lè li te fòme premye maryaj la.
- Lajwa nan maryaj la te déjà nan plan Bondye depi nan kòmansman, nou dwe sove prensip sa yo nan maryaj yo jodi a.
- Pwokreyasyon an se te youn nan premye kòmandman Bondye nou an epi avèk li, li te ban nou privilèj ak benediksyon pou nou vin manman ak papa.

Pou kisa moun marye?

Lè ke nou poze kesyon, pou kisa fiyanse yo marye, nou kapab resevwa anpil repons diferan. Genyen anpil moun ki panse ke marye a se fen tout pwoblèm yo, ke depi yo fin marye, tout diskisyon ap disparèt, tankou nan kont yo "...yo te marye epi yo te alèz..."; anpil lòt moun te bay agiman ke yo ki pa deside rete poukont yo epi genyen kèk lòt ki vle konstwi yon lavi nan tèt ansanm epi yo renmen youn lòt.

Ala difisil sa difisil lè moun depoze tout vizyon sa nan maryaj la san enplante li sou fòm ki anavan pou yo fè pi gwo pa a.

"Li pa fè m plezi", "Li pa akonpli sa mwen t'ap rete tann nan", "Li pat konsa", "Mwen santi ke mwen pat janm renmen li" sa yo se kèk fraz ki toujou sonnen aprè yon tan maryaj. Afimasyon sa yo toujou konsantre sou "mwen" san panse nan lòt la oubyen tankou fè maryaj la tounen yon objektif an komen epi atenn yon inyon ki dirab atravè anpil ane.

Si nou konprann ke maryaj la pran nesans andedan kè Bondye, nou dwe konprann objektif li pa mwayen Limyè Pawòl la. "Bib la konkli nan Jenèz 2:24 avèk deklarasyon ke lòm nan (ish) ap kite papa ak manman li epi l'ap fè yon sèl avèk (isha) epi yo tou de a pral fè yon sèl chè. Konklizyon ki dirèk la se ke se pou maryaj la menm ke Bondye te kreye fanm ak gason".[1]

Deja nou konprann ke se Bondye ki te panse ak kreye maryaj la, men, ki objektif li?

Akonpayman

"Sa pa fè lontan, nou selebre 40 tan anivèsè maryaj kèk zanmi. Lè mwen te mande Guillermo sekrè siksè nan maryaj li a, li te reponn: "Té glase". "èske se Te glase?", mwen te mande. Ki relasyon ki egziste ant Té glase a avèk maryaj ou a?" Mwen pap janm bliye repons Guillermo a, li di ke se prèske chak jou, pou 40 dènye ane yo, li menm avèk Rut te pase tan chita nan balansin nan ap bwè te glase avèk sèl entansyon pou yo ansanm".[2]

Nou jwenn kòmansman tout bagay nan liv Jenèz ak maryaj ak objektif yo pa fè eksepsyon. Aprè ke Bondye fin fè yon gran pati nan kreyasyon an epi afime ke li te bon, li te baze sou lòm. Lè li kreye lòm "Adan", tèm "ebre..., li menm tou ki tradwi nonm, èt imen, ras limanite" (Bib Peshitta Tradiksyon Ansyen Dokiman Arameyen an Espanyòl, Broadman ak Holman Publishing Group, Bèljik, 2006, p.2). Bondye te 2006, li jwi de tout sa ki te kreye yo, sof "pye bwa konesans byen ak mal la" (v.16-17).

Nan Jenèz chapit 2:18, nou li ke aprè Bondye te fin kreye lòm epi ba li endikasyon ke li te eksprime yo "Li pa bon pou nonm nan rete poukont li", ala sa gran pou nou wè kòman lòm te nan yon plas ki tèlman bon, avèk anpil kondisyon ki pafè epi avèk tout sa ki nesesè, men li te manke yon moun ki sanble avèk li pou pataje tout bèl bagay ke Bondye te kreye. Nan v.20b di "...men Adan pat genyen pèsòn ki te pou ede li" epi Bondye te itilize ekspresyon "li pa bon..." (Jenèz 2:18) sa montre ke izòlman an pat janm fè pati de plan orijinal Bondye epi non plis li pat kondisyon ideyal lòm, paske lè li te genyen yon relasyon avèk Bondye, li te bezwen lòt la menm jan avèk li (kreye selon imaj ak resanblans Bondye) avèk nenpòt moun ke li ta genyen akonpanye a, yon moun ki ta kapab akonpanye li pou akonpli misyon Bondye yo.

Nou konnen ke nou trè sosyal akoz de kreyasyon Bondye a ; sa fè lavi nan izòlman an difisil anpil, san akonpayman lòt moun. Nou pran nesans nan yon gwoup familyal, nou devlope ladan l, aprè sa nou vin fè pati de yon enstitisyon edikativ epi nou pataje tout tan preparasyon yo jouskaske nou rive mete fen ak edikasyon fòmèl la. Nou toujou genyen yon gwoup zanmi pwòch ke nou pataje espò, pwomnad, lavi kretyèn, etc. Li enteresan pou nou note ke kote ki genyen prizon yo, lè yo vle pini yon moun, pi bon fason an se izole li paske sa se yon gran pinisyon pou lòm nan paske nou te kreye pou nou rete konekte avèk lòt epi viv an kominote.

Akonpayman an se yon bagay ki enpòtan nan lòm nan epi Bondye te rekonèt sa lè li te etabli premye maryaj la, aksyon sa

¿ Dapre ou menm, kisa ou panse ki objektif maryaj la? ?

¿ Ki jan akonpayman dewoule nan maryaj la nan yon fason ki pratik? ?

se yon bagay ki te aksepte epi apresye pa Adan lè li te rekonèt "Aa! Fwa sa a, men yonn ki menm jan avè m'! Zo l' se zo mwen. Chè l' se chè mwen. Y'a rele l' fanm, paske se nan gason li soti" (Jenèz 2:23 VLS". Ekspresyon sa montre ke li te wè yon espès menm jan avèk li, ni siperyè menm jan Bondye te ye a, ni enferyè menm jan ak animal yo, men pito se yon moun ki menm jan avèk li kote ke li t'ap kapab pataje tout relasyon yo nan tèt ansanm, epi pataje tout sa ke Bondye te kreye pou yo. Nou se èt ki trè pou yo pa nati, pataje avèk lòt moun fè nou rekonèt tèt nou kòm moun.

Kè Kontan

Kè kontan an "se yon emosyon lajwa ak plezi. Li pa oblije egzajere pou li pwofon epi reyèl" (Diksyonè Teyolojik Beacon KPN, EIA, P.313). Maryaj la kòm etan kreyasyon Bondye ki bon nèt la te etabli pou ke moun yo kapab pataje lavi yo epi rejwi kreyasyon Bondye a ansanm aksyon sa se yon bagay ki te aksepte epi apresye pa Adan lè li te rekonèt "Aa! Fwa sa a, men yonn ki menm jan avè m'! Zo l' se zo mwen. Chè l' se chè mwen. Y'a rele l' fanm, paske se nan gason li soti" (Jenèz 2:23). Lide kè kontan ant lamarye yo pran nesans nan kè Bondye a menm li menm ki konpare lajwa Bondye a pou moun sa yo k'ap sèvi li ak kè kontan ke konjwen yo viv nan relasyon yo a.

> Maryaj la kòm etan kreyasyon Bondye ki bon nèt la te etabli pou ke moun yo kapab pataje lavi yo epi rejwi kreyasyon Bondye a ansanm.

Nan plizyè fason diferan, nou wè ke genyen anpil kè kontan nan maryaj la "Fè kè ou kontan ak madanm ou. Pran plezi ou ak madanm ou renmen depi lè ou te jenn lan!" (Pwovèb 5:18).

La jwa ak kè kontan sanble pa fè pati maryaj kounye yo, okontrè sanble ke li enposib pou pawòl sa yo mache ansanm. Se tris anpil pou wè ke lamarye yo pa gen kè kontan lè y'ap pataje lavi yo epi yo konfòme yo ak sitiyasyon sa oubyen finalman yo kite.

Si nou pa rive atenn lajwa nan lavi nou, nou pap kapab pataje li avèk konjwen nou an nonplis. Èske w gen kè kontan? Si nou pa janm kontan ak pwòp lavi pa nou, nou pap janm kapab goumen pou ke pa konjwen nou an kontan tou.

¿ Men, poukisa jodi a tout ilistrasyon oswa blag sou maryaj montre absans lajwa ak plezi ?

Selon Jezi, dezyèm kòmandman an se "...Se pou ou renmen frè parèy ou menm jan ak pwòp tè pa ou" (Matye 22:39). Repons Jezi a enteresan anpil, li pat sèlman di se pou ou renmen frè parèy ou, men pito li di ke se pou ou renmen frè parèy ou menm jan ak pwòp tèt pa ou. Ebyen, kòman n'ap kapab fè renmen frè parèy nou si nou pa renmen pwòp tèt pa nou avan? Nan premye pozisyon, nou dwe renmen pwòp tèt pa nou epi avèk menm lanmou sa a pou nou renmen frè parèy nou "konjwen nou". Se menm bagay la ki rive pou lajwa a jan ke nou kapab pretann pataje li lajwa avèk konjwen nou si gen kè kontan nan lavi nou.

Si nou aprann fè Si nou kontan nan anpil sitiyasyon diferan n'ap fè fas yo, epi nou chèche bagay ki favorize lajwa nan lavi nou an pral touche konjwen nou an. Olye pou nou lage chay la sou do konjwen nou pou absans de kè kontan ke nou dwe kòmanse chèche lajwa epi bat pou ke sa enfliyanse moun pandan n'ap jwenn anpil bagay nan lavi nou ki nan favè li. Li enpòtan pou ke nou jwenn lajwa lè n'ap pataje anpil bagay ansanm.

Lanmou ki sensè a fè moun yo panse fè kè konjwen yo kontan avan pa yo a epi, yon fwa ke sa rive fèt tou de kote yo, kè kontan an vin konvèti an yon bagay ki reyèl kòm yon pati nan lavi matrimonyal la.

Miltiplikasyon

Youn nan rezon ki fè maryaj la egziste se pou bay lavi. Bondye te di konsa: "Bondye te beni yo, epi li di yo: Fè anpil pitit epi miltipliye; ranpli latè..."(Jenèz 1:28). Aprè moun te fin kreye, nou vle pale de gason ak fi, misyon yo se te repwodui, fè timoun, fè yon gwo fanmi epi ranpli tè a (Li evidan, pwogrè nan manda sa a pa te sèlman pou premye koup la). Sa a se youn nan egzijans ki pi klè ke Bondye te bay nan kòmansman mond lan. Plan orijinal Bondye a se te pou gason ak fanm yo ini epi nan inyon sa a, ta genyen anpil lòt èt ki depase yo.

Timoun yo se yon kado ke Bondye bay lamarye a "Ti moun yo se yon kado Seyè a; Yo se yon rekonpans ki soti nan men Li"(Sòm 127: 3 VLS. Pliske yo se yon kado Bondye, nou dwe pran swen yo, renmen yo, gide yo epi ede yo grandi ak antrene yo pou yo kapab vin moun ki endepandan.

¿ Ki jan w ta pale ak yon koup kretyen ki deside pa fè pitit pou yo kapab fè tèt yo plezi nan domèn pwofesyonèl? ?

Nan Jenèz 12: 2-3 nou wè pwomès ke Bondye te fè Abram ki di ke atravè desandan li, tout fanmi ki sou tè a ta va gen pou yo resevwa anpil benediksyon. Ala yon benediksyon sa ta ye! Sa ki ta vini atravè pitit gason li a, yon sèl pitit gason te nesesè pou kòmanse jenerasyon ki ta pote benediksyon pou tout fanmi yo ki sou latè a. Nan yon lòt sans, timoun yo ap swiv pa pitit pitit epi sa yo se pi gwo benediksyon pou granparan yo "Kouwòn gran paran ki fin vye gran moun yo... "men bon paran yo se" lonè timoun yo..."(Pwovèb 17: 6). Nouvo Tradiksyon Vivan di ke"Paran yo se fyète pitit yo" Menm jan pou paran yo se yon benediksyon lè timoun yo swiv chemen Seyè a (Pwovèb 22: 6), e tou pou timoun yo se yon fyète ak sekirite pou gen paran ki ap viv lavi yo nan onè ak pè ke Bondye bay epi ba li sètitid nan lafwa li, "Moun ki gen krentif pou Seyè a, li gen asirans; Li pral yon refij pou pitit li yo "(Pwovèb 14:26 VLS).

> Plan orijinal Bondye a se sa pou ke gason an ak fanm nan te ini yo epi nan inyon sa, te kapab genyen anpil lòt èt ki depase yo.

Anvan pou kòmanse maryaj la, li enpòtan pou lamarye yo pale sou sijè timoun yo epi planifye lè ak konbyen timoun yo ta renmen genyen.

Timoun selon plan Bondye a yo rele yo dwe yon pati nan eksperyans sa a ke maryaj la ap viv ak sa li pral mennen yo nan fòme yon fanmi. Se yon gwo defi ak anpil anrichisman pou lamarye ki gen timoun yo, wè yo k'ap avanse, matirite, devlope jiskaske yo vin endepandan kote ke y'ap kapab avance ak lavi yo pou kont yo. Se wè lavi ki tou nèf k'ap fòme epi k'ap aprann bagay ki nouvo chak jou epi y'ap pase pou moun ki vin depandan jouskaske yo vin gran moun nèt ki vin endepandan totalman.

Si se vre ke timoun yo trè enpòtan epi yo se fwi lanmou, nan maryaj sa yo pa ta dwe janm fè li mal oswa deteryore relasyon matrimonyal la.

Moun ki marye yo dwe aprann ke ti moun yo pa la pou toutan. Maryaj la se koumansman tout bagay epi aprè sa, ti moun yo prale epi moun ki marye yo pral tounen rete pou kont yo yon lòt fwa ankò pou ke yo kontinye mennen lavi yo.

Pou rezon sa, relasyon matrimonyal la dwe kiltive ak anrichi an mezi tan ap pase san inyore plas priyoritè ke relasyon matrimonyal la genyen.

Se yon bon travay akonpaye timoun yo nan kwasans yo epi akonpaye yo pou jwenn chemen kote yo pral mennen lavi yo bay enstriksyon ak konseye konpetan (Pwovèb 4: 1,5: 7).

Si se vre ke timoun yo trè enpòtan epi yo se fwi lanmou an nan maryaj la, yo pa ta dwe janm fè li vin pi mal oswa deteryore relasyon maryaj la. Lamarye yo dwe konprann ke timoun yo pap la pou toutan. Maryaj la se kòmansman tout bagay epi aprè sa, ti moun yo prale epi lamarye yo pral rete viv pou kont yo pou yo kontinye viv ansanm. Pou rezon sa a, relasyon maryaj la dwe kiltive epi anrichi an mezi ke tan ap pase san inyore plas priyoritè relasyon matrimonyal la genyen an.

Yon lòt kote, jodi a anpil maryaj mete enterè pèsonèl yo, plezi ak pwogrè levasyon timoun yo. Gen anpil rezon ki ekspoze ke nan moman an anpil moun refize gen timoun, men li nesesè pou egzaminen si sa yo pa fè sa yo vin yon pwodwi egoyis ak refi pou angaje yo nan fòmasyon yon lòt lavi ki pral mande yon ti tan menm si se ak limit, anpil nan nou.

Li onorab pou panse ke Bondye te fè konfyans ak èt imen an (gason) ak fanm) fòmasyon ak swen yon lòt moun, epi nan fason sa a, li delege nou kontinite limanite a nan men nou. Kòm byen ke paran nou yo te fè

> Si se vre ke timoun yo trè enpòtan epi yo se fwi lanmou an nan maryaj la, yo pa ta dwe janm fè li vin pi mal oswa deteryore relasyon maryaj la.

sa pou nou (menm si yo pat pafè) nou dwe chèche vin pi bon paran jan nou kapab (menm si ke nou pap pafè).

Yon lòt kote, nou jwenn koup ki pou diferan rezon yo pa ka vin ansent; sa pa ta dwe yon antrav pou envesti lavi yo nan ti lavi ke paran yo bezwen pou yo ogmante, fòme ak akonpaye yo nan kwasans yo. Youn nan opsyon pou moun ki pa ka gen timoun yo se kapab adopsyon, byenke yo pa pral timoun biyolojik, yo pral anfan de kè, bay afeksyon, pwoteksyon ak edikasyon pou timoun ki te bay pou adopsyon pou anpil rezon ki diferan. Pou moun ki kwè nan Kris la desizyon sa a dwe fèt konsyans pou yo konprann ke menm jan ak moun ki gen pitit biyolojik yo, Bondye ba yo posibilite a pou yo kapab administre lavi sa yo.

Aktivite yo

Enstriksyon yo

Fè yon rezime sou sa ki plis remakab sou chak objektif yo nan yon fason ki byen senp tankou pou pataje yo avèk yon lamarye:

Akonpayman: _____
_____
_____
_____
_____
_____

Kè kontan: _____
_____
_____
_____
_____
_____
_____

Miltiplikasyon: _____
_____
_____
_____
_____
_____

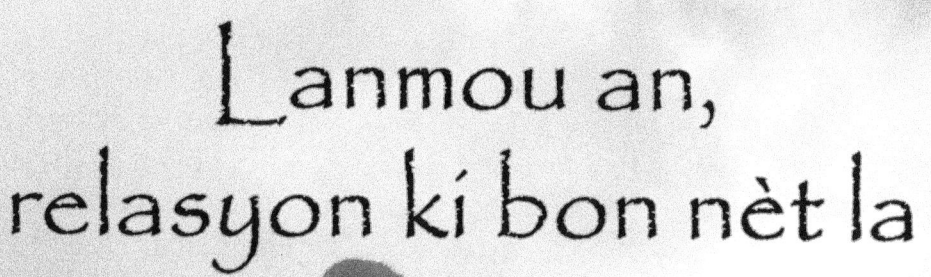

Lanmou an, relasyon ki bon nèt la

Leson 3

Leson 3

Lanmou an, relasyon ki bon nèt la

OBJEKTIF YO

- Rekonèt ke Bondye te etabli prensip pou maryaj la.
- Konprann ke vrè lanmou an se youn nan prensip enpòtan ke Bondye te etabli pou maryaj la.
- Konprann enpòtans swen lanmou an kòm yon lyen nan kwasans ak pèmanans inyon matrimonyal la.
- Idantifye vrè lanmou selon Bib la.

LIDE PRENSIPAL YO

- Apre kreyasyon gason ak fi epi mete yo nan yon anviwònman pafè, Bondye menm te ofisyalze maryaj yo epi etabli prensip ki ta dwe plase pou yo mennen lavi yo ansanm.
- Koumansman lanmou an enpòtan anpil pou maryaj la epi li gen de kote: (1) renmen nan Bondye ki se yon renmen san mezi anvè moun, epi (2) menm lanmou Bondye sa kòm mezi pou renmen pwochen ou, kòmanse pou mari oswa madanm lan.
- Lanmou Bondye a se agapè epi kat aspè fondamantal li yo se: desizyon, aksyon, angajman ak pasyon.

Prensip maryaj la

Yon prensip se, jan ke menm mo a di li: premye enstantane pou yo te yon sèl bagay. "Kòz oubyen orijin yon bagay".[1] Men tou, avèk mo prensip la nou vle di yon "règ fondamantal oswa lide sa gouvène panse oswa kondwit".[2] Anjeneral nou itilize mo sa a opliryèl, epi nou di "moun sa a pa gen okenn prensip". Lè sa a, bagay ki kòrèk la se di "moun sa a pa gen bon prensip" depi lè sa a tout moun ki gen prensip ki mennen lavi yo byenke nan anpil ka prensip yo pat dakò ak pawòl Bondye a. Wè nan fason sa a, prensip fondamantal epi detèmine lavi chak jou nou. Si nou mete sa a nan maryaj la, nou bezwen chèche prensip maryaj yo ke Kreyatè a te etabli nan Pawòl Li.

Premye kay nou jwenn nan Bib la se pa Adan ak Èv, premye èt imen ke Bondye te kreye yo. Aprè yo te fin kreye epi mete yo nan yon anviwònman pafè, Bondye li menm li te ofisyalize maryaj yo epi etabli prensip ke yo ta dwe aplike pou mennen lavi yo ansanm. Prensip ke lè ke yo viv yo, y'ap mennen nan lavi abondan sa ke Bondye te enplante depi nan kòmansman an pou lèzòm epi Jezi te konfime lè li te pwoklame: "Lè vòlè a vini, se vòlò li vin vòlò, se touye li vin touye, se detwi li vin detwi, se sa ase li vin fè. Mwen menm, mwen vin pou moun ka gen lavi, epi pou yo genyen l' an kantite" (Jan 10:10).

Apati de leson sa, nou pral trete chak prensip ke Bondye te etabli yo pou maryaj la depi nan premye chapit liv Jenèz yo. Nou pral kòmanse avèk lanmou an.

Kòmansman lanmou

"Nou te divòse paske sa jis pa fonksyone ankò". "Nou déjà fin leve dènye pitit nou an, kidonk nou pa genyen okenn enterè ankò pou nou rete ansanm". "Pa gen anyen ki pou kenbe nou ansanm ankò". "Mwen pa panse mwen te janm renmen li". "Mwen pa renmen li ankò". "Lanmou an fini". Sa yo se kèk fraz nou te tande nan koup ki vle fini lavi marye yo. Èske reklamasyon sa yo kòrèk? Poukisa koup sa yo pèdi lanmou ki te mete yo ansanm yon jou a? Èske renmen an ta dwe gen yon dat ekspirasyon?

Jodi a plis pase tout lè, kretyen marye ki divòse vin pi fasil pase sa yo ki marye. Sa k pase? Nan kisa n'ap fè fayit konsa? Èske se lè lanmou an ki fini, jan ke anpil moun ap di li?

Lè ke nou vire je nou nan Jenèz, si nou ka asire nou de yon bagay ki te prezan nan kreyasyon an, se te renmen. Nou tout disip Jezi yo admèt ke Bondye se lanmou (1 Jan 4: 8), sa ki mennen nou konprann ke motif nan tout aksyon li yo se lanmou. Se sans li. Nan tout Pawòl Li, nou jwenn kote ke Bondye eksprime lanmou li nan plizyè fason. Lè w ap li ak atansyon sou kreyasyon an, nou ka wè lanmou Bondye k ap manifeste: plan li, dedikasyon l 'yo, detay yo, amoni nan kreyasyon an, libète pou kreye, kado li menm nan èt imen an (imaj ak resanblans) ak misyon yo ke li bay gason ak fanm lan epi fè yo vin kolaboratè li nan kreyasyon an. Tout sa se aksyon renmen.

> Kòmansman lanmou an enpòtan anpil epi li genyen de aspè. Lanmou ke Bondye ban nou an, ak lanmou ke Bondye mande pou nou bay la.

> ¿ Pou kisa koup yo di ke yo rive pèdi lanmou sa ki te mete yo ansanm yon jou a? ?

Lanmou Bondye a:
Yon lanmou san mezi nan favè lèzòm

Nou se fwi lanmou Bondye: nan premye pozisyon, paske li te kreye nou (Jenèz 1: 26-28) epi dezyèmman paske li sove nou epi ban nou lavi ki pap janm fini (Jan 3:16). Avèk bon rezon, anpil fwa, nou te tande yo di ke Bib la se yon lèt ke Bondye ekri pou nou. Yon lèt ki anmagazine tout aksyon Bondye yo nan favè limanite epi se pa pou di li plis bagay ke li renmen li; epi ki renmen l ak lanmou etènèl (Jeremi 31:3).

Lanmou Bondye a se agapè. Teyolojyen William Barclay nan liv grèk li a ki gen pou tit Nouvo Testaman di konsa: "Agapè genyen pou wè avèk lespri a. Se pa yon senp emosyon ki debouche natirèlman nan kè nou, men se pito yon prensip ke nou viv avèk tout libète. Agapè a gen rapò ak volonte. Se yon konkèt, yon viktwa, yon siksè. Okenn moun pa janm renmen lènnmi li yo; men lè li rive fè li, se yon konkèt natif natal nan tout gou natirèl ak emosyonèl nou yo. Agapè sa, se kapasite pou renmen sa ki pa merite lanmou, renmen moun ki pa renmen nou an".³

> Nou se fwi lanmou Bondye: nan premye lye, paske se li menm ki te kreye nou (Jenèz 1:26-28) epi nan deyzèm pozisyon, lè li sove nou pou ban nou lavi ki pap janm fini an (Jan 3:16).

Agapè se santral la nan revelasyon Bondye ekri a menm. Tout 10 kòmandman yo te bay Moyiz yo te baze sou lanmou sa a epi Jezi rezime lavi disip li yo nan akonplisman de kòmandman ki sipòte pa agapè (Mak 12: 30-31); e nan dènye jou li yo, Jezi te bay disip li yo yon nouvo kòmandman ki te gen pou wè avèk pratik agapè a (Jan 13: 34-35).

Apot Pòl te ekri sou fason Bondye renmen nou. "Men, Bondye montre lanmou li (agapè) pou nou, ke pandan ke nou te toujou pechè, Kris la te mouri pou nou" (Women 5: 8). Nan fason sa a Bondye te montre limanite ke lanmou agapè a an pratik. Yon lanmou k ap chèche yon fason pou leve lòt la nan kondisyon l 'kèlkeswa pri a. Pòl, sou reyalite sa a, nan 2 Korentyen 5:21 ekri "Kris la pa janm peche. Men, Bondye te trete l tankou si li te fè peche, li deklare nou inosan atravè Kris la"(VLS). Tout bagay sa yo se akoz de lanmou.

¿ Ak pwòp pawòl ou yo, kòman w ta kapab defini lanmou agapè a? ?

Lanmou Bondye a: mezi nou pou nou renmen limanite

Apot Pòl te kontinye devlope liy panse sa epi montre yon fason ki plis ekselan: agapè (1 Korentyen 13). Pasaj sa a pwobableman pi eksplisit osijè de sa ke li ye ak sa ke li pa ye, osi byen ke sa li fè epi li pa fè agapè. Apot la te deklare Agapè se: Moun ki gen renmen nan kè li gen pasyans, li gen bon kè, li p'ap anvye sò lòt moun. Li p'ap fè grandizè, li p'ap gonfle ak lògèy. Moun ki gen renmen nan kè li p'ap fè anyen ki pou fè moun wont, li p'ap chache avantaj pa l', li p'ap fè kòlè, li p'ap kenbe moun nan kè. Moun ki gen renmen nan kè li p'ap pran plezi l' nan sa ki mal, li pran plezi l' nan sa ki vre. Moun ki gen renmen nan kè li sipòte tout bagay: nan nenpòt ki sitiyasyon, li toujou gen konfyans nan Bondye, li p'ap janm pèdi espwa, l'ap toujou moutre jan li gen pasyans; epi kisa li pa fè: Renmen pa janm fini. Yon deskripsyon egzat Bondye ki enkane nan Jezi k'ap mache nan lari pousyè nan Palestin. Yon egzanp vivan ki gen pou wè ak lanmou agapè a.

Si byen ke 1 Korentyen se yon pasaj adrese a tout moun an jeneral epi se pa ant mari oswa madanm an patikilye, pa gen anyen ki endike ke yo pa gen yon aplikasyon pafè nan yon kontèks maryaj. Se plis, nan analoji ke Pòl fè nan Efezyen 5: 21-33, li montre fason agapè a dwe aplike nan maryaj la; kòmanse nan relasyon ke Kris genyen ak legliz li a, endike ke maryaj se yon relasyon nan soumisyon, respè, lanmou ak remisyon.

Li trè fasil pou konprann lanmou Bondye pou limanite, men se trè difisil pou konprann ke lanmou sa se mezi relasyon youn ak lòt (Jan 13:34), kòmanse avèk mari oswa madanm lan. Li trè komen ke anvan kèk sitiyasyon presan nan maryaj la, madanm yo mande, kòman pou mwen renmen mari oswa madanm mwen? Jouk ki kote? Ki lòt bagay mwen ta dwe fè? Pou kesyon sa yo, apot Pòl reponn, "Nou menm, mari yo, se pou nou renmen madanm nou menm jan Kris la te renmen legliz la, jouk li te asepte mouri pou li" (Efezyen 5:25).

Lanmou ke Bondye etabli nan Pawòl Li a se yon monnen ki genyen de pyès: nan yon bò, lanmou Bondye a ki se yon lanmou san mezi anvè limanite, epi sou lòt bò a, menm lanmou Bondye sa kòm mezi pou renmen frè parèy nou yo, kòmanse pa mari oswa madanm lan.

¿ Nan yon fason ki pèsonèl, epi panse sou relasyon matrimonial reponn kesyon sa yo: Èske mwen soufri ak bonte? Èske mwen pa anvyesò moun, fè grandizè, pa fyè? Mwen renmen verite a? èske mwen soufri tout bagay, kisa mwen kwè, mwen espere ak tann? Mwen pa fè anyen ki mal, mwen pa chèche enterè pa m ase, mwen pa irite, mwen pa kenbe rankin, mwen pa kontan nan enjistis? Èske mwen pa janm sispann renmen madanm oubyen mari mwen? ?

Answit, an nou wè plizyè aspè diferan sou lanmou agapè a nan maryaj la.

Fas avèk kesyon, kijan mwen dwe renmen mari oubyen madanm mwen? Apot Pòl reponn, "Kòm Kris la te renmen legliz la" Epi fas ak kesyon, Jouk ki kote? Apot la reponn: "e li te bay tèt li pou legliz la".

Lanmou se desizyon

Byen souvan, lanmou an asosye ak tonbe damou an, epi li valab pou di tou ke ak yon lanmou "bon mache" trè mal konprann. Yon zafè lanmou ankadre nan sosyete a nan konsomasyon ke n'ap viv, kote yo sèlman itilize bagay yo epi jete yo, yo machande yo daprè mache a (òf ak demann) epi genyen oswa pèdi valè selon degre satisfaksyon konsomatè a genyen an.

Lè ke lanmou an gen pou wè sèlman ak emosyon yo febli, li viv nan depans nan sa lòt la jenere pou li. Se soti deyò pou antre andedan. Nan yon okazyon yon fanm, ki nan moman sa a te sou dezyèm maryaj li, li te di sou mari li: "li pa jenere anyen ankò pou mwen." Trè klè, li konprann ke pou ke lanmou an rete vivan, li te dwe pwodwi pa mwayen lòt yo. Se tankou fin achte yon bagay epi voye l jete lè li pa itil oswa lè li sispann bay sèvis yo te fabrike epi achte l pou l bay la.

Se yon erè fatal pou panse ke renmen sèlman gen pou wè avèk kè oswa emosyon yo. An reyalite Bib la avèti nou sou sa lè ke li di : "Pa gen anyen ki ka twonpe moun pase sa ki nan kè lòt moun. Pa gen renmèd pou sa. Ki moun ki ka rive konprann sa k'ap pase nan kè lèzòm?" (Jeremi 17: 9).

Lanmou ke Bondye endike nou nan Pawòl li a se agapè a, ki plis pase emosyon, yon desizyon se yon prensip pou tout lavi. Se lanmou sa a ki te pote Jezi mouri sou kwa a pou limanite, epi se lanmou sa menm ke Bib la rekòmande disip Jezi yo. Se yon lanmou ki soti nan yon desizyon pèsonèl epi ki manifeste pou lòt l'antyèman. Li sòti andedan pou rive deyò. Se yon lanmou ki pa fini, ki chèche bay olye de resevwa epi li jwenn enèji li nan chèche enterè ak byennèt lòt la. Se yon lanmou ki renmen menm lè li pa santi epi lòt la pa merite lanmou.

"Wi, se vre ke konjwen sa a ka difisil pou renmen pafwa, men maryaj se pou sa: pou montre nou renmen. Se pou maryaj ou detire lanmou ou epi ogmante kapasite ou pou w renmen, anseye ou vin yon kretyen. Sèvi ak maryaj la kòm yon kote pou fè repetisyon, kote ou aprann aksepte lòt moun nan epi sèvi l".[4]

> Nan dis dènye ane yo, yo pibliye anpil etid ki devwale wòl ke plizyè pati nan sèvèl la jwe (ipotalam nan, tyas devan tèt la, amigdal la, nwayo akouben yo oubyen plas kote fontenn nan plase a) nan lanmou.

¿ Ki opinyon ou osijè de deklarasyon sa: "Se pou maryaj ou a detire lanmou w epi ogmante kapasite ke w posede pou w renmen, lè l'ap anseye w pou w vin yon kretyen". ?

Lanmou an se aksyon

Tout pwomès ke mari oswa madanm yo fè nan seremoni maryaj yo fè yo sèmante pou fè yon seri de aksyon konkrè anvè youn ak lòt epi pou renmen pandan tout lavi yo ansanm.

Se konsa sa ye, pou de rezon: (1) paske pwomès ki te fèt nan seremoni maryaj yo te fèt nan prezans Bondye epi echèk yo se yon reyalite ki byen grav (Eklezyas 5: 1-7); ak (2) paske vòt yo te fèt nan yon egzèsis kote ke tout moun te lib pou deside plase volante yo nan men mari oswa madanm lan sou fòm aksyon ki byen konkrè.

Pafwa li sanble ke maryaj la se fen an epi se pa kòmansman lavi matrimonial la. Anpil lamarye bay rezon pou sa a lè, aprè ke yo te kòmanse viv ansanm lan epi vlope nan woutin yo, yo plenyen ke mari oswa madanm lan te sispann fè sa yo oswa ki bagay. Soti nan detay, tankou kado, ti mesaj oswa sipriz, menm pwoblèm ki gen pou wè ak kontra ak atitid abizif epi imilyan olye pou yo aji byen ak pran swen selon pawòl Bondye a dwe genyen (Matye 7:12; Mak 12:31; Jan 13:15; 34-35; Efezyen 4:2-3; 5:21-33; Kolosyen 3:18-19; 1 Pyè 3:7).

> Mete non w ak non konjwen w lan epi li pwomès la, make vèb yo epi fè yon ti reflechi osijè de akonplisman yo.
>
> "_____, èske w vle pran _____ pou madanm, mari lejitim li, pou viv avèk li nan maryaj la daprè kòmandman Bondye a? èske w'ap renmen li, onore li, pran swen li nan tan maladi ak nan lasante, nan povrete ak richès; epi renonse a tout lòt gason oubyen fanm, èske w'ap konsève tèt ou pou li sèlman toutotan ke nou tou de a ap viv?"

Renmen agapè ke Bondye modle nan Jezi Kris pou nou an se aksyon, aksyon ki san melanj! Men, yon aksyon ki bay, se pa resevwa oswa yo bay an repons a yon aksyon ou resevwa. Non!

Se sèlman aksyon bay. "Paske Bondye sitèlman renmen mond lan, ki te bay sèl Pitit li a, pou tout moun ki kwè nan li, yo pap pèdi lavi yo, men yo va gen lavi ki pap janm fini an"(Jan 3:16).

"Lanmou an... ki diferan de" yo te damou", se pa sèlman yon santiman. Se yon inite ki byen pwofon, ki jwenn soutyen nan volonte ak jwenn tout fòs pa mwayen abitid la; epi nan maryaj kretyen yo se yon inite ki ranfòse pa mwayen lagras ke tou de moun ki marye yo mande, epi resevwa nan men Bondye. Yo kapab santi lanmou sa menm nan moman kote ke youn ta prèske deteste lòt la, menm jan ak lè youn kontinye ap renmen pwòp tèt li menm nan moman kote lòt la prèske pa vle wè l...

Bon "tonbe damou" an fè ke youn pwomèt lòt la fidelite; lanmou sa ki plis tranquil epi gen kapasite pou l kenbe pwomès li. Sou baz lanmou sa kote ke motè maryaj la fonksyone a: Se santiman damou an ki te eklatman ki te rann li demare".[5]

Lanmou an se angajman

Jan ke sa deja mansyone a, lanmou agapè a se yon desizyon, kòmansman nan lavi ak yon angajman nan fen an. Sa vle di ke desizyon renmen an pral vle di yon angajman enkondisyonèl. An reyalite, "divòs la reprezante dezobeyisans fas ak kòmandman Jezi a. Se derespekte sa ke li rele nou pou nou fè a. Si mwen pa ka renmen madanm mwen, kòman mwen ka renmen moun ki san kay? Kouman mwen ka renmen tafyatè oswa dwogè?"[6] epi ki jan mwen ka renmen lènmi mwen an oswa vwazen mwen an? (Matye 5:38-48). Apot lanmou an, nan sans sa a, li te byen kategorik lè li te ekri: "Si yon moun di: mwen renmen Bondye, pou anmenmtan pou l' rayi frè l', moun sa a ap bay manti. Paske, si li pa renmen frè l', yon moun li ka wè, li pa ka renmen Bondye li pa ka wè a?" (1 Jan 4:20). Anpil pafwa ou bliye ke mari oswa madanm nou se frè parèy nou ke nou dwe premye renmen.

Jodi a angajman sanble ap eskive pa moun ki vle viv ansanm. Tout tan yo fè yon nouvo fason pou viv ansanm, men dèyè yo gen yon rezistans nan konpwomi. Epi angajman an pa gen retrè, li se pou lavi; sa fè ke ou genyen obligasyon pou w renouvle chak jou nan travay la pou ke fwaye a vin pi bon toujou.

La a nou pale de yon vrè sans angajman, li menm k'ap gen pou l manifeste toutan. Byen souvan nou bay plis tan, enèji ak lajan ak sa ke nou plis angaje nou. Jezi te di li nan lòt tèm "Paske kote trezò w ye, kè ou ap la tou" (Matye 6:21).

¿? Kòmante pasaj biblik sa: "Si yon moun di: mwen renmen Bondye, pou anmenmtan pou l' rayi frè l', moun sa a ap bay manti. Paske, si li pa renmen frè l', yon moun li ka wè, li pa ka renmen Bondye li pa ka wè a?" (1 Jan 4:20).

Angajman nan yon relasyon pral vin pi evidan lè gen obstak pou simonte. Si angajman an fò, li pral envesti tout tan, enèji ak lajan pou rezoud epi olye de sa, lè angajman an fèb oswa pa egziste, li pral tou senpleman dwe evite epi yo pap chèche okenn solisyon.

Lanmou an se pasyon

Jounen jodi a fraz "fè lanmou" vin popilè kòm sinonim ak fè sèks. Sa nan lide nan anpil moun, ede defòme vrè lanmou ak vrè sèks tou. Sèlman pi lwen reyalite a ki se idantifye renmen tankou yon bagay ki fèt nan yon moman. Kòm nou te dekri lanmou an ki se tout sa ke nou fè tout tan ak tout nou menm.

Si se vre ke aprè yon tan maryaj la pase plizyè etap diferan ak chanjman l'ap fè fas, pasyon an dwe yon eleman inevitab nan lanmou lamarye a. Pa janm pèdi li, paske li se youn nan bagay ki bay relasyon an karakteristik patikilye nan fwaye a. San li, li kapab nenpòt ki lòt kalite relasyon, men se pa yon maryaj (Jenèz 2:24).

Lanmou nan maryaj eksprime nan yon remisyon (chante). Yon remisyon volontè, ak respè total epi nan konplèt libète k ap chèche satisfaksyon konplè lòt la nan chak rankont, menm ofri pwoteksyon kont tantasyon Satan (1 Korentyen 7:3-5). Yon demonstrasyon lanmou sansib ak pasyone kote objektif youn se satisfè lòt yo. Bondye te planifye li konsa depi nan kòmansman an.

"Seksyalite a - epi an patikilye jenitalite a- dwe konsidere kòm yon eleman nesesè, valab epi fondamantal nan relasyon koup la. Nou dwe toujou travay pou ke dimansyon sa a pa pèdi. Manm koup yo dwe fè tout sa ki posib pou jwenn espas, sitiyasyon ak posiblite pou eksprime dezi yo epi pou yo fè li grandi".[7]

Aktivite yo

Enstriksyon yo

Avèk pwòp pawòl pa w, ekri yon rezime leson an pandan w'ap demontre pwen ki prensipal yo. Ou pap kapab itilize plis ke espas sa.

Kite ...kòmansman yon nouvo inite

Leson 4

Leson 4

Kite ...kòmansman yon nouvo inite

OBJEKTIF YO

- Dekouvri siyifikasyon lòd "kite" a epi egzamine enplikasyon li yo pou lavi matrimonyal nouvo koup la.

LIDE PRENSIPAL YO

- Bondye voye mari oswa madanm yo yon fason absoli kite papa ak manman ak tout lòt relasyon pou konsantre sou konstriksyon fwaye yo a.

- Malgre yo te ekri liv Jenèz la plen epòk patriyakal, Bondye te fè wè klè ak klèman ke maryaj sa gen menm redevans lan sou mari oswa madanm lan.

- Bondye, depi nan kòmansman an, li te bay anpil atansyon pou pran swen relasyon maryaj la nan fè ke mari oswa madanm yo ap viv separe epi san depann de lòt moun.

- Kite, pou maryaj la ap toujou pote kwasans ak benediksyon.

Entwodiksyon

Lè nou ale nan Bib la nou jwenn yon Bondye ki pa kite anyen fèt pa chans oswa abandone pou yon destinasyon ensèten. Tout bagay te planifye ak anpil atansyon epi an detay. Apre yon lòd, an yon sekans lojik e menm nan manda yo bay nan moman egzak la ak rezon ki trè byen defini.

Nou kontinye wè prensip yo ke Bondye te etabli pou maryaj la depi nan kòmansman. Prensip ki pral ede nou etabli yon fondasyon ki solid pou bati yon relasyon matrimonyal an sante pou tout lavi. Nan leson sa a nou pral wè prensip "kite" a. Yon manda ke Bondye etabli kòm aksyon fondamantal pou bati nouvo relasyon an.

Kite ... nan Jenèz 2:24

Vèsè ki nan Jenèz 2:24 la se kle lè pou rive nan maryaj la. Nan kèk mo li dekri tout bagay konsènan reyalize yon relasyon matrimonyal konplè. Pasaj la vin santral nan tretman sijè a paske li etabli kòm fondasyon nan kòmansman enstitisyon maryaj la; se tou paske se nan bouch Bondye enkane te site avèk fòs (Matye 19: 5 ak Mak 10: 7-8) ak Lè sa a, apot Pòl te soulve l lè li te nan Efèz 5:31 li te site li pou ilistre lektè li yo relasyon ant Kris la ak legliz la. Se poutèt sa, Jenèz 2:24 se pasaj ke nou bezwen eksplore nan rechèch prensip fondamantal sa yo pou ke, lè n ap viv yo, maryaj kapab sa ke Bondye te planifye a menm.

Li pral kite (azab) parèt 215 fwa nan Bib la epi daprè Diksyonè Biblik Vine siyifikasyon li se "kite, abandone, ranvwaye, renonse, kite ale". Fondamantalman li vle di "soti nan yon bagay" oswa "kite". Sa a se siyifikasyon tèm ki te parèt nan Jenèz 2:24 pou premye fwa. Sepandan, kòmantatè Wenham[1] ak Hamilton[2] defann tradiksyon azab la kòm "abandone" olye pou yo "kite". "Pral kite" a genyen yon son ki plis net pandan "Pral abandone" sijere entèdiksyon.

"Se konsa, kite papa ou ak manman ou epi mete tèt ansanm ak madanm li vle di kraze yon lwayote epi kòmanse yon lòt. Anvan maryaj la, premye obligasyon nonm nan se te paran li yo. Aprè maryaj la, obligasyon yo vin madanm li". "Nan sosyete tradisyonèl yo tankou Izrayèl, kote onore paran se pi gwo obligasyon imen ansanm ak onore Bondye, deklarasyon sa a ki se abandone yo se di anpil".[3]

Lè ke nou konsilte mo "kite" nan diksyonè a Reyal Akademi Espanyòl[4], nou jwenn siyifikasyon sa yo: Relache yon bagay; retire oswa deplase kite yon bagay oswa yon moun; dezète; abandone; pa kouri dèyè yon aktivite; bliye (sispann kenbe nan lespri a); padone. Nou wè ke siyifikasyon an nan lang panyòl la pa diferan ni li pa depaman de siyifikasyon ke nou jwenn nan tèks biblik orijinal la ki nan lang ebre.

> "Se konsa, kite papa ou ak manman ou epi mete tèt ansanm ak madanm li vle di kraze yon lwayote epi kòmanse yon lòt. Anvan maryaj la, premye obligasyon nonm nan se te paran li yo. Aprè maryaj la, obligasyon yo vin madanm li".

Kite ... ki moun ki dwe kite?

Pou kisa nonm lan (ich) di ke li pral kite ...? Èske se pou li sèlman? Fanm lan (isha) pa ta dwe kite? Li klè ke kòmandman an konsène gason ak fanm lan. Sepandan, sa vin pi klè lè nou konprann ke kont sa a te ekri nan mitan epòk patriyakal, se fanm lan yo te mande pou kite tout bagay pou al jwenn mari l oswa nan anviwònman paran li yo (pa egzanp, Jenèz 24). Wè nan fason sa a, manda pou se gason an ki ta kite lakay paran l yo vin yon eskandal, se te yon separasyon ki trè vyolan ak konstriksyon sosyal nan moman sa a. Nan fason sa a, nou ka konprann ke manda pou kite a pa genyen anyen pou wè avèk yon lòt manda kiltirèl, byen kontrè la. Wi, si entansyon Bondye a se ta pou konsève patriyach, manda ta dwe dirije sou fanm yo, men non, li dirije sou gason an. Se yon prèv anplis ke maryaj la se pa yon konstwi sosyal, men pito, yon konsepsyon diven. Se Bondye menm ki enspire ekriven biblik la pou korije koutim tan an epi mete fondasyon maryaj yo jan Bondye te gen entansyon depi nan kòmansman an. Plan orijinal Bondye a kòmanse ak kite. Yon aksyon ki pou tou de, pou gason tankou pou fi a, li vin esansyèl pou etabli nouvo inite a (Jenèz 2:24).

> ¿ Èske w dakò ke manda "kite" a se pou gason an menm jan ak fi a? Pou kisa wi oubyen pou kisa non? ?

Nan sans sa a gen de aspè ki pa piti, ke tèks biblik la revele. Youn nan yo se ke nonm lan ak fanm lan ki ini nan maryaj yo pa timoun men pito se de gran moun. Moun ki gen matirite epi ki gen libète pou pran pwòp desizyon yo. Dezyèmman, se ke lòd kite pou fè yon sèl la, men pou fè yon sèl ant yo: yon gason ak yon fanm. Timoun yo ta dwe fwi nan relasyon renmen yo, men yo pa janm dwe la pou separe moun ki marye yo epi fè yon sèl ak timoun yo. Maryaj la an premye, timoun yo aprè. Mari ak madanm nan an premye, aprè sa a, paran yo.

DISIP YO NAN MINISTÈ A

> Lè nou wè sa konsa "Nou dwe prepare nou pou jou ke pitit nou yo gen pou ale, nou dwe kiltive enterè ki komen, lè n'ap aprann fè kèk bagay ansanm, epi apwofondi relasyon amikal la antre nou" paske se sa konseye Wayne Mack, fè yon ti panse. Sa fè depi kilè ou menm avèk konjwen w pa sòti pou kont nou… san pitit, san paran ak zanmi, epi nan konvèsasyon yo, yo pa dwe prezan nonplis. Kisa nou pral fè pou sa?

Kite... kisa nou dwe kite a?

Nan pasaj Jenèz 2:24 gen yon endikasyon ki eksprime pou kite "papa ak manman an", premye relasyon an, sa ki pli entim ke lòm nan kapab genyen. Se pou nou sonje ke lòm nan se èt ki pi depandan ki pami tout lòt èt vivan yo ki egziste sou latè. Konnen sa, Kreyatè a te bay paran yo (gason ak fi) pou leve, swanye, edikasyon ak devlopman nan tout fason. Devlopman ki gen pou kontanple konstriksyon otonomi timoun yo. Paran yo ap travay sou devlopman timoun yo fè yo èt otonòm, ba yo li (Matye 1:21; 3:17; Lik 1:57; 3: 3). Konsènan sa, konseye kretyen Wayne Mack di: "Si ou se paran, objektif ou ta dwe prepare timoun yo ki pral kite yo, se pa pou yo rete. Lavi nou pa dwe vire alantou yo paske sa pral fè yo transfòme an andikape emosyonèl. Ou dwe prepare pou jou a lè pitit ou yo va ale, kiltive enterè komen, aprann fè kèk bagay ansanm, epi apwofondi nan relasyon amikal la antre nou".[5]

Retounen nan tèks biblik la, li klè ke moun ki pral marye yo dwe kite paran yo. Pa gen okenn chwa. Yo dwe kite yo menm lè paran yo pa vle kite yo ale ak estrateji sibtil ak pratik pa kite yo kite epi ale. Gason ak fanm ta dwe kite sa ki te deja priyorite pou yo chak (paran yo) pou etabli yon nouvo priyorite: madanm li. Paran yo pral kapab fè epi di tou sa yo santi ak vle, men Bondye bay yon manda klè pou moun ki deside rantre nan lyen maryaj la.

Pasaj la pale de kite fanmi orijin lan. Moun ki gen sa yo ki te etabli yon kosyon trè entim diran plizyè ane, men li pa yon kondisyon pou yo kòmanse yon nouvo relasyon. Kite a enplike "boule bato yo"[6]. Sa vle di se retire posiblite pou retounen an nan lespri. Fè lide pou: kite pou pa retounen, nan okenn sikonstans.

Akoz de fòs relasyon ke vèsè a mete aksan an, se pwòp panse ke lè moun nan kite fanmi orijin lan, li ta dwe tou kite tout lòt relasyon yo. Wi, tout lòt yo. Fanmi pwolonje a, zanmi, relasyon santimantal tan pase yo, travay, pwofesyon oswa karyè[7], pasyon[8] e menm travay legliz la. Tout bagay sa yo dwe pase nan dezyèm plas epi espesyalman paran yo ta dwe sispann enfliyanse desizyon ke moun ki marye yo ap pran pou konstwi maryaj yo a, pwòp maryaj inik yo a.

Yon bagay trè difisil pou reyalize si aprè maryaj yo kontinye ak depandans emosyonèl la (enfliyans) sou relasyon lè yo te selibatè.

Nan lòt sans, pap kite, se yon depandans emosyonèl ki rekonèt nan sikoloji kòm "atachman", epi li kapab grav tankou yon vis. Pwoblèm lan se ke "anpil depandans emosyonèl yo pa konnen si yo sa, yo poko okouran. Ou pral wè yo soufri ak yon souri fo ki sòti bò kote sa ki jistifye oto-destriksyon sikolojik banal epi plonje nan pwòp mansonj yo. Men, pa gen okenn vire paj la: atachman gate; li afekte entegrite ou epi fè ou pi fèb chak jou".[9]

Kite ... kisa sa vle di egzakteman?

Petèt nan pwen sa a li nesesè pou presize yon ti kras plis kisa egzakteman kite kay la vle di. Premyeman, kite a pa vle di renmen mwens. Renmen pou paran yo pa ta dwe sibi chanjman. Tout moun genyen kapasite ase pou yo renmen tout sa li deside renmen. Sa ki pral chanje yo se lòd priyoritè yo. Dezyèmman, sa pa vle di sispann onore yo. Jisteman lè nou konstwi yon relasyon matrimonyal ki an sante epi ki pèmanan andeyò depandans paran yo, sa pral yon gwo onè pou yo. Twazyèmman, li pa vle di koupe tout relasyon avèk yo, men pito se fini sitou ak tout depandans emosyonèl, ekonomik, elatriye nan men yo. Epi an katriyèm pozisyon, li pa vle di ke li nesesè pou ke genyen yon sèten distans fizik, byenke li evidan ke dwe gen yon distans adekwa. Jounen jodi a, sa trè relatif akoz de kominikasyon sou entènèt la ki vin pèmèt tout mond lan trè pre nan relasyon yo. Si nouvo maryaj la pral viv nan yon peyi byen lwen men yo toujou konekte ak paran yo chak jou pa entènèt, yo pral viv nan yon ilizyon men an reyalite yo pa kite yo. Aksyon kite a vle di ke menm si yo ap viv nan menm vil la yo sispann depann de paran yo nan tout fason.[10]

Kite vle di ke mari ak madanm nan pral oryante lavi yo youn pou lòt epi yo pral pran responsablite yo pou travay epi bati fwaye yo; se pa tankou pa paran fi a ak paran pa gason an, men yon nouvo, pwòp, lè n'ap rann kont de reyalite li yo epi satisfè bezwen emosyonèl li yo.

Kite a... pote kwasans ak ... benediksyon

Lè Pawòl Bondye a di kite, nou dwe konprann ke se pou byen nou. Menm Bondye ki kreye lòm nan, aprè pwoklame ke tout bagay te trè bon, li te etabli maryaj la epi ba li yon gwo misyon: administre tout bagay ki te kreye yo. Men, tout bagay te kòmanse avèk kite.

Nan tout Bib la nou wè sa, yon fason ak yon lòt. Nan Jenèz 12: 1 Bondye rele Abraram, li di l 'konsa: "Seyè a di Abram konsa. Pati, kite peyi ou la. Kite tout fanmi ou. Kite kay papa ou, ale nan peyi m'a moutre ou la". "Yon lòt fason, li te ba li lòd pou "kite tout bagay". Abraram te fè sa, epi lwen paran l 'yo epi atravè anpil sikonstans diferan ke li te viv yo, li te grandi epi atravè li menm, tout fanmi sou tè a te beni (Jenèz 22:18).

Kòmandman pou konjwen yo se pou byen yo, menm si li sanble etranj. Anpil nan yo se maryaj ki aprè anpil ane nan relasyon matrimonyal la yo kapab ateste ke obeyi lòd "kite" a te pèmèt yo grandi tankou moun, nan relasyon matrimonyal yo, nan depandans yo sou Bondye epi yo te kapab resevwa epi yo te vin sèvi kòm kanal benediksyon.

Konklizyon

Se pou nou sonje ke nan nouvo relasyon nouvo koup sa ant yon gason ak yon fanm nan, Bondye ap manifeste nan mond lan paske maryaj se imaj Bondye. Se konsa, li pral trè enpòtan pou ke moun ki marye yo kite paran yo ak tout depandans pou ke Bondye kapab gide yo epi yo kapab divèti yo nan relasyon yo a. Menm jan chak moun te inik epi san parèy, chak maryaj gen tout posiblite pou yo inik ak san parèy, yo dwe vin imaj Bondye atravè egzèsis lagras ak padon, mizèrikòd ak lanmou ki dirab.

Aktivite yo

Enstriksyon yo

Aprè ou fin wè leson sa. Eske ou wè genyen yon bagay ki chanje nan fason ke w te konn konsidere manda Bondye a ki se "kite manman ak papa" ak tout lòt relasyon yo? Eksplike tanpri souple.

_____
_____
_____
_____
_____
_____
_____
_____
_____
_____
_____
_____
_____
_____
_____
_____
_____

En plis en egal ak en

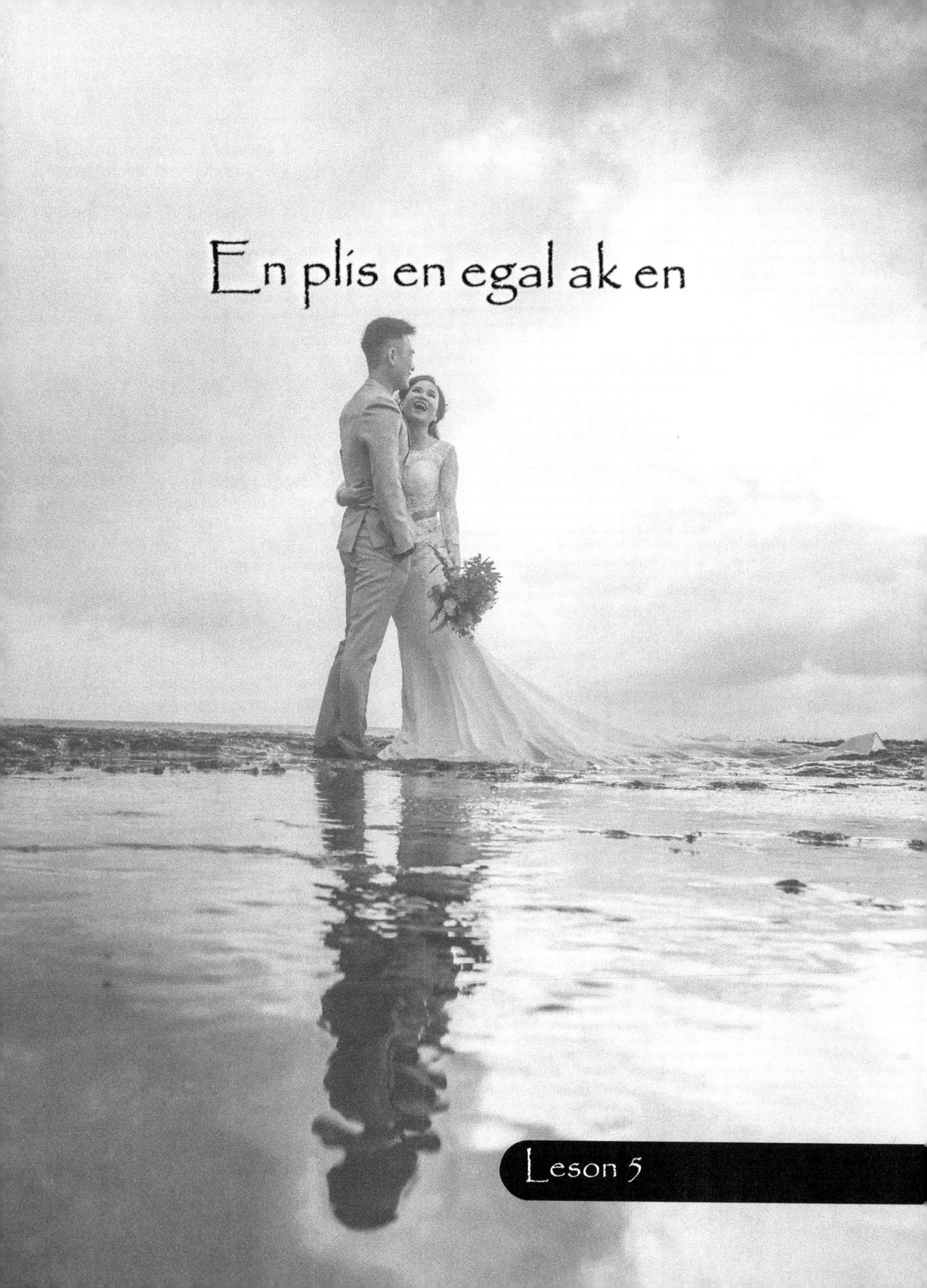

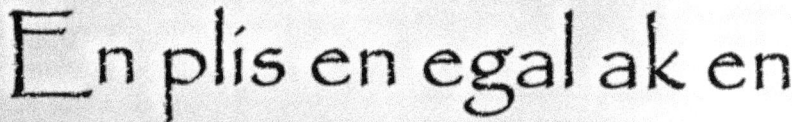

Leson 5

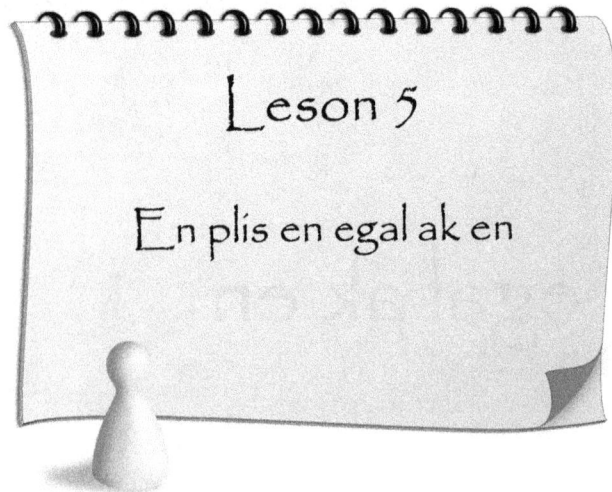

Leson 5
En plis en egal ak en

OBJEKTIF YO

- Dekouvri siyifikasyon manda: "Se poutèt sa, gason an va kite papa l' ak manman l' pou l' mete tèt li ansanm ak madanm li, pou tout de fè yon sèl", ak enplikasyon li yo pou lavi matrimonyal nouvo koup la.

LIDE PRENSIPAL YO

- Tou kòm nan lang orijinal yo ak an panyòl siyifikasyon inifikasyon ak fè yon sèl la se menm bagay la: kole youn ak lòt pou pa janm gen separasyon.
- Maryaj se espas kote de èt inik ak èksèpsyonèl (fanm ak gason) avèk patikilarite epi kontribye 100% yo vin fè yon sèl chè.
- Konpreyansyon biblik sou prensip inite a, retire nenpòt lide separasyon depi nan inyon gason ak fanm nan nan maryaj la se fòs pou li vin pi solid.
- Vin fè youn nan mande dedikasyon, efò, aprantisaj konstan ak angajman chak jou ki soutni toutan.

Entwodiksyon

Se yon bon kantite moun nan lavi ki poze kesyon, ki kote maryaj la te koumanse? Kilès moun ki te envante li?, Èske li genyen kèk benefis pou moun ki antre ladan li yo?, pou kisa li ye? Kijan lavi ansanm nan ye? Èske li enpòtan pou jodi a? Tout sa yo, ak anpil lòt ankò, yo trè klè epi merite pou jwenn repons. Men, ki jan yo reponn yo, Ki moun ki gen repons yo Ak sa ki an plis, Ki moun ki genyen vrè repons ki pote lavi ak bonè pou gason ak fanm jodi a?

San dout, nou pa kapab evite Pawòl Bondye a lè ke nou vle reponn kesyon fondamantal tankou sa yo parèt. Repons ou yo pral ban nou prensip sa yo ke lè n' ap viv yo, y'ap mennen nou genyen yon lavi ki plen jan ke Kreyatè a te planifye li depi nan kòmansman.

Lè nou apwoche kote tèks biblik la, nan Jenèz 2:24 nou jwenn li di: "Se poutèt sa, gason an va kite papa l' ak manman l' pou l' mete tèt li ansanm ak madanm li, pou tout de fè yon sèl". Se yon tèks ki byen popilè epi kle pou moun pale de maryaj. An reyalite, li se tèks ke nou dwe fè baz nou paske li make pase, prezan ak avni li: fanmi nikleyè a (pase), nouvo inite a (prezan) ak konstriksyon inite (lavni).

Nan leson sa a nou pral wè yon prensip ki frape sa ke n'ap viv nan moman sa byen di epi nan vizaj: Inite a. Prensip sa a opoze Lespri lib, endividyalite ak egosantris. Aspè ki pa te fè pati plan orijinal la men jodi a yo prezan nan relasyon lamarye yo epi l'ap goumen pou elwanye konjwen yo de lavi plen ke Bondye te panse pou yo a.

> "Se poutèt sa, gason an va kite papa l' ak manman l' pou l' mete tèt li ansanm ak madanm li. Yo tou de va fè yon sèl kò. Konsa, yo pa de ankò, men yo fè yon sèl kò. Se poutèt sa, pesonn moun pa gen dwa separe sa Bondye mete ansanm" (Matye 19:5-6).

Siyifikasyon inite a

Ann wè kisa Bib la di sou siyifikasyon inite a. Daprè Diksyonè Ekspozitif Vine, mo ebre dabaq la vle di "kranponnen, kole, melanje, attache ak". Ebyen se nan menm modèn mo ebre DABAQ la nou jwenn mo sa yo "lakòl oswa ti kole" kòm lide yo plis abstrè nan "lwayote, devosyon". Tèm nan parèt yon ti kras plis pase 60 fwa nan Ansyen Testaman nan langaj Ebre a, kòmanse ak Jenèz 2:24:"Se poutèt sa, gason an va kite papa l' ak manman l' pou l' mete tèt li ansanm ak madanm li. Yo tou de va fè yon sèl kò" kote nou jwenn reflè itilizasyon fondamantal tèm nan: yon objè (oswa yon moun) suiv oswa attache ak yon lòt. Nan menm sans sa a, yo di ke men Elyaza te "rete kole" nan nepe yo lè li te frape Filisten yo (2 Samyèl 23:10). Sentiwon twal fen Jeremi an "sentre ren li", kòm yon senbòl sou fason ke Pèp Izrayèl la ta dwe konfòme yo ak Bondye (Jeremi 13:11).[1]

Nan Sòm 119:25 menm mo dabaq la parèt pou dekri dezolasyon nanm nan. Li literalman di "nanm mwen kole nan pousyè a", men pou fè vèsyon Reina Valera pi fasil pou konprann 1960 tradwi: "desann nan pousyè tè a", Reina Valera Kontanporen "Mwen santi mwen totalman dekouraje" ak Bib Bondye a pale jodi a "mwen menm tou prè lanmò". Bib Jibile se youn nan vèsyon yo ki kenbe literalite a epi tradwi "nanm mwen te vin atache nan pousyè a". Yo tout bay lide pou yo rete an kontak avèk, pou yo rete nan yon atachman fizik, an kontak avèk.

Itilizasyon figi dabaq kòm "lwayote" ak "afeksyon" baze sou fwotman fizik moun ki enplike yo, menm jan ak apwochman yon mari ak madanm li (Jenèz 2:24), afeksyon an ("atachman") nan Shechem pou Dinah (Jenèz 34:3) oswa lè Rit "rete" ak Nawomi (Rit 1:14). "Rantre nan" ak Bondye ki ekivalan ak "renmen li" (Detewonòm 30:20).[2]

Vèsè nan Jenèz ke n'ap etidye a parèt 3 fwa nan Nouvo Testaman an epi nan tout okazyon yo itilize mo kolao (κολλάω). Sa vle di "mete tèt ansanm, atache ak".[3] Avèk respè fanm lan pral "jwenn" nan Matye 19:5 ak Mak 10:7-8 ak Efezyen 5:31. Pa kiryozite, se menm pawòl la ke apot Pòl itilize nan plizyè okazyon. Nan 1 Korentyen 6:16 lè li di, "Eske nou pa konn sa: yon nonm ki mete kò l' ak yon fanm ki nan jennès, li fè yon sèl kò avèk li. Se sa Liv la di: yo tou de va fè yon sèl kò". Li sèvi avèk li tou nan pwochen vèsè a pou souliye yon relasyon entim avèk Bondye. Epi nan 1 Korint 7:10 Pòl fè referans ak pèseverans nan inyon an epi bay yon lòd ki soti nan Seyè a lè ke li di: "Kanta pou moun marye yo, men lòd mwen ba yo (Sa pa soti nan mwen non, men nan Seyè a menm): Lè yon fanm marye, li pa dwe kite ak mari li".

Nan lang panyòl la, vèb ini an gen siyifikasyon sa yo: "Pèmèt ke yon bagay se attache avèk yon lòt, oswa an kontak epi fè yon sèl bagay. Melanje oswa fèmen kèk bagay ansanm, rasanble yo. Mare oswa rantre nan yon sèl bagay ak yon lòt, fizikman oswa moralman. Apwoche yon bagay kote yon lòt, pou yo fòme yo ansanm oswa dakò menm bagay la oubyen rezilta. De bagay oswa plis ki te deja separe epi diferan: Yo tout vin melanje ansanm pou fè yon sèl...".[4]

Konsènan inite a, Diksyonè nan Akademi Reyèl Espanyòl la bay yon siyifikasyon ki fè li vin plis enteresan pou aplike li nan maryaj la. Li di: Propriyete tout èt, pa vèti kote ke li pa kapab divize san li pa detwi oubyen chanje sans li".⁵ Li pale ak nou de yon inite fò epi ki pèmanan, nou ka byen di, li pat janm gen entansyon separe, menm jan Bondye te kreye maryaj la. Nan ekspresyon "yon sèl kò" nan Jenèz 2:24 pèmèt nou wè lide nan sa menm jan moun nan se yon antye, epi yo pa kapab divize an plizyè moso epi kontinye gen yon inite, Bondye panse sou li ak relasyon maryaj la. Pa gen de moun (yon gason ak yon fanm), men kounye a se youn, yon nouvo inite (maryaj).

Yon bon konpreyansyon sou prensip inite a fè nenpòt lide sou separasyon ale byen lwen nou paske depi nan inite gason ak fanm nan nan maryaj la, yo pral pran yon fòs ki pap kapab kraze.

Inite Bondye a: en + en

Nan matematik Bondye a, en plis en se en. Klèman Bondye etabli ke chak èt li te kreye inik epi san parèy (Jenèz 1:27) men sa etabli maryaj dapre plan Bondye a, chak konjwen pral kite fanmi orijin yo epi vin fè yon sèl (melanje) ak lòt la pou vin "yon sèl kò" (Jenèz 2:24). Jenèz 1-2 pentire tablo kreyasyon limanite a ki senpleman kòmanse avèk yo moun (Adan), li menm ke Bondye diferansye ant fanm (isha) ak gason an (ish) epi aprè sa, youn vin rantre nan lòt pou fè yon sèl, koup lamarye a".⁶

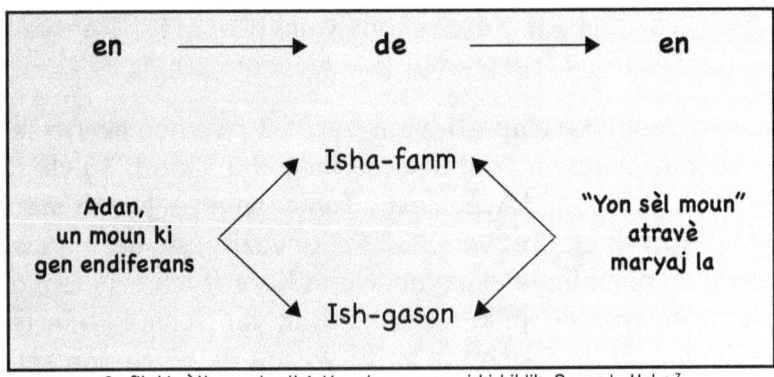

Grafik ki sòti nan chapit 1, Yon vizyon maryaj ki biblik, Roger L. Hahn.⁷

Èske sa vle di ke chak manm yo sibi chanjman nan pèsonalite yo? Non, nan okenn fason. Chak konjwen (fanm lan ak gason an) ap kontinye rete yo menm, ak pwòp karakteristik apwopriye nan sèks yo ak pèsonalite yo. Se ta yon kontradiksyon panse ke nan maryaj la, manm li yo t'ap pèdi diferans ak jan yo te kreye a. Kreyatè li a te panse ak maryaj la kòm yon antye plis pase konpleman nan pati li yo. Kote ke chak nan pati yo (fanm ak gason) kontribye 100% nan tèt kole pou konstwi yon nouvo inite 100% (maryaj la).

Nou kapab mete li nan grafik nan fason sa:

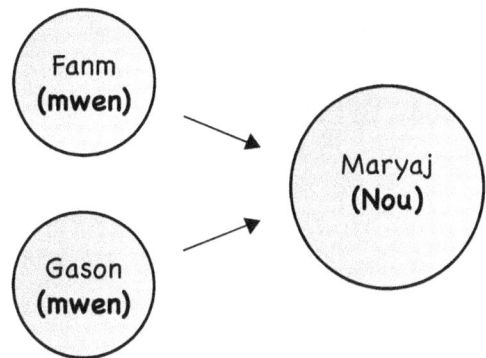

Lè nou konprann ke chak grafik oswa ilistrasyon gen limit li yo, isit la nou wè kòman de moun totalman diferan (fanm ak gason) epi santre yo nan yo menm (mwen) lè yo rantre nan maryaj la, yo vin konstwi yon relasyon ki bay (nou) ki genyen yo, ranfòse ak reyalize yo.

Lè tèks biblik la di nou ke mete tèt ansanm nan vle di atache ansanm nan, mare, lye ak anpil lide ki gen pou wè ak onètete ak fidelite, devosyon ak lanmou, ap ban nou bonjan enfòmasyon pou nou mete an pratik. Natirèlman sa mande yon chanjman nan konsantrasyon. Apot Pòl te mete l an tèm trè konplè lè li te ekri "fanm nan pa gen okenn pouvwa sou pwòp kò li, men mari a; ni mari a pa genyen okenn pouvwa sou pwòp kò li, men fanm lan"(1 Korentyen 7: 4). Avèk sa a li pi plis pase klè sou swen ak atansyon ke tout moun ta dwe genyen youn anvè lòt. Kounye a, se pa yon kesyon de mwen menm, men pito, se madanm oubyen mari mwen; kounye a, se yon kesyon de mwen menm, men se pito nou menm.

> Tandans natirèl la se panse avèk pwòp tèt mwen epi fè sa ki fè m santi mwen byen olye pou m konsidere sa ke konjwen m nan gen bezwen an. Se egosantris sa ki fè anpil maryaj kraze, li rale nou soti nan nou menm epi nan favè lòt la, pou kiltive entèdepandans ak anviwònman nan fwaye a; se pou chak konjwen panse ak nesesite lòt la ak kòman pou yo satisfè yo.

Inite Total la!!

"Li pral ini ... epi yo pral fè yon sèl kò", "... epi li ini ...pou fòme yon sèl kò "(TLA)," ... epi yo de a vin fè youn"(NTV), "... epi yo de a vin tankou yon sèl moun" (BPJ), ... epi yo de a vin mare pou fè yon sèl"(NVE). Anpil tradiksyon diferan bay plizyè tèm diferan (chè, kò, yon sèl, moun, bagay) men yo tout pote menm lide a, ki montre inite total. Pa gen anyen tèks biblik la di nou ke se osijè de inite seksyèl sèlman.

Okontrè, li se yon inite ki afekte dimansyon tout moun. "Pratik egzèsis seksyèl andeyò maryaj yo se prèv ke moun k'ap egzekite li yo ap eseye izole yon kalite inyon, seksyèl la, nan tout lòt kalite tèt ansanm ki te kreye pou ke yo te mache nan tèt ansanm epi konsa fè yon inyon ki total la".[8]

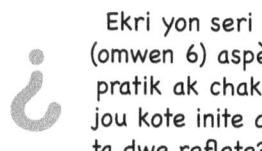
Ekri yon seri (omwen 6) aspè pratik ak chak jou kote inite a ta dwe reflete?

Aprè ke premye maryaj la fin selebre, Bondye te beni yo ak di mari oswa madanm yo: "Li ba yo benediksyon, li di. Fè pitit, fè anpil anpil pitit mete sou tè a. Donte tè a. Mwen ban nou pouvwa sou pwason ki nan lanmè, sou zwazo ki nan syèl la, ak sou tout bèt vivan k'ap mache sou tè a. Bondye di. Gade. Mwen ban nou tout kalite plant ki bay grenn ak tout kalite pyebwa ki bay fwi ak grenn pou nou manje. Men, tout bèt ki sou tè a, tout zwazo ki nan syèl la, tout bèt ki trennen sou vant, wi tout bèt vivan, m'ap ba yo zèb vèt pou yo manje. Se konsa sa te pase. Bondye gade sa l' te fè a, li wè l' bon nèt. Yon lannwit pase, yon maten rive. Se te sizyèm jou a" (Jenèz 1: 28-31). Ala yon si bèl mesaj pwisan ki te soti nan bouch Bondye menm ke lamarye yo te resevwa!

Li enteresan pou ke nou note ke premye kòmandman ke Bondye te bay moun ki marye yo se te fè sèks! Okontrè, anpil moun jodi a ak se etonan jan li sanble ke, yo pa ka asosye Bondye avèk sèks. Yon bagay ke nou kapab konprann, pliske sèks la se youn nan anpil domèn ki koze anpil mal epi kontinye ap fè akòz de lènmi an, sa ki lakòz anpil moun rive ini yo nan maryaj la ak domaj ak blesi ki byen grav ki sèvi yo kòm obstak pou rive vin youn nan domèn seksyèl ak lòt moun. Lè ke Bondye te kreye sèks la, li te klèman revele ki jan li se yon bagay ki sakre ak li toujou mande pou ke nou sanktifye sèks nou. Kòman? Jwi li konplètman nan yon kontèks maryaj, san yo pa fè li tounen yon zidòl, santral ak inik nan relasyon matrimonyal la.

Nan sans sa a nou dwe chanje apwòch nou an radikalman, pliske sèks la se yon okazyon pou sèvi mari oswa madanm lan. Li pa gen pou wè avèk jwenn plezi men fondamantalman se pou bay youn ak lòt plezi". Anvi seksyèl la retire nou nan nou menm pou atire nou vè lòt la, pou kiltive entèdepandans ak vivans, de bon pratik kretyen".[9]

Dezyèm kòmandman Bondye te bay premye lamarye yo se te administre sa ki te kreye yo prensipalman. Fondamantalman nou ka di ke li te ba yo yon travay an komen. Yon eleman ki rann moun rete simante ansanm. Li pa t emkyete li pou kòman, se egzakteman sa ki t'ap fè yo vin fè youn: yon pwojè an komen.

Ki jan yo ta dwe detèmine pou yo chak (fanm lan ak gason an) epi ki baze sou pwòp kado ak kapasite yo atravè yon relasyon dyalektik angaje. Yon bagay k'ap rann yo ta reve ansanm, yo ta planifye, diskite, negosye, rive jwenn akò, evalye, yo ta fè chanjman, yo ta mal, yo ta aprann e yo ta rekòmanse. Jounen jodi a, anpil maryaj pretann bati relasyon yo san okenn travay pataje, san objektif ak rèv pou travay ansanm. Atansyon! jan nou deja wè a, timoun yo pa dwe konsidere tankou yon pwojè ke nou genyen nan maryaj la. Pwojè ki pral mennen yo fè yon sèl la se pral konstriksyon maryaj la menm. Pwòp relasyon matrimonial la. Timoun nan kapab vini oubyen non, e si yo rive yo pral yon pwojè kout tèm pou mari ak madanm nan, se poutèt sa ke lamarye yo dwe transande ane yo kote y'ap levasyon ti moun yo ap okipe tan yo.

Nou te aprann nan maryaj ke pwojè li te genyen an komen yo se (petèt enkonsyaman ak enfliyanse kontèks sa) se te leve ti moun yo e lè dènye a marye epi li te ale kite kay la, yo te divòse.

> ¿Èske w dakò ke genyen anpil moun ki rive nan maryaj la avèk domaj nan domèn seksyèl la ki anpeche yo satisfè sèks la jan ke Bondye te planifye l la?

Yo mal kalkile apwòch la. Yo te panse yo te anchaj pou fè pitit ak leve pitit san jwi plezi a, reyalizasyon pèsonèl ak satisfaksyon yo antan ke lamarye. Sa pi lwen ke reyalite a. Bondye te planifye yon bèl lavi pou moun ki marye yo, pou yo jwi chak okazyon ke yo genyen nan lavi ansanm epi pitit yo kòm yon pati ladan li, men se pa nan tout lavi a.

Konprann responsablite ke nou genyen pou pi devan kòm pwojè ki fè nou simante ansanm, li enpòtan paske se sa k'ap ede nou rete ap jwi chak enstan nan lavi matrimonyal la san fòs kote.

Inite a vle di travay!

"Epi yo te marye epi yo te alèz". Anpil nan nou konnen istwa ak woman ki fini ak "final alèz" sa. Li klè ke n'ap pale de istwa ak woman ki pa gen anyen pou wè ak lavi reyèl.

Yon bagay ke nou wè nòmalman nan koup k'ap marye yo se anpil depans ak enèji epi, anpil lòt bagay ankò…! nan maryaj la ak tout bagay li pote san yo pa reflechi twòp sou lavni an. Epi avèk li nou pa fè referans ak lavni an tèm de ki jan n'ap kapab satisfè bezwen materyèl yo. Moun yo souvan bliye ke sou lotèl la oubyen plas kote maryaj yo ap selebre a se pa final la, men pito se kòmansman lavi ansanm nan. Yon lavi ki se responsablite tou de epi ki pral mande yon gwo envestisman nan tout aspè yo chak.

Lè nou li nan Jenèz 2:24 "… epi yo pral ini yo…, epi yo pral vin yon sèl chè" n'ap li osijè de maryaj la menm. Pou ou kab vin yon sèl chè oswa yon sèl ki vle di menm jan NVE la tradwi, pa reyalize sou lotèl la aprè deklarasyon prèt la "Mwen deklare nou mari ak madanm". La a, moun ki marye yo sèlman ap pran angajman pou ke yo fòme yon inyon. Nan konpreyansyon ke relasyon ki pi entim ant gason ak fanm nan kapab vin fè anpil eksperyans. Yon relasyon ki, yon lòt bò, li montre relasyon Kris la ak Legliz la (Efezyen 5: 22-32). Se poutèt sa, yo pa pale la osijè de okenn bagay materyèl yo ka jwenn men pito se nan relasyon matrimonyal la. Oubyen, èske se pa vre ke anpil nan nou pase anpil tan, efò e menm lajan pou anyen, men konstwi e ranfòse relasyon matrimonyal nou an? Gen maryaj ki sanble ale kontrè ak modèl ke Bondye te trase a, lè ke yo te nan etap fiyansay, yo te fè tout sa ki te enposib pou ranfòse relasyon an epi pat gen anyen ki te pi wo plase pase sa, men imedyatman ke yo te fin marye, tout bagay te kòmanse vini an premye. Natirèlman, pou tout bagay yo jwenn yon "jistifikasyon" ki toujou yon eskiz, depi pa gen anyen (menm timoun yo) ka vòle priyorite ki vle di relasyon ki genyen ant mari a. Pou yo chak, lòt la dwe yon priyorite.

Devlope yon relasyon ki an sante mande yon bèl efò. Poukisa nou pale de efò? Paske li se yon aksyon entansyonèl, ak devouman ak travay, ki egzije aprantisaj konstan ak angajman chak jou ki baze sou responsablite. Piga nou abandone menm, se yon efò ki soutni sou tan. Pran avantaj sou tout sikonstans, menm sa ki dezagreyab yo, menm si yo ta kapab byen grav, aprann ak grandi nan relasyon an avèk mari oswa madanm nou.

¿ Fason ke yo ta mennen travay la ta dwe detèmine pou yo (la fanm ak gason) epi depann de pwòp don ak kapasite yo atravè yon relasyon dyalektik angaje. Ki jan sa kapab rive fèt nan kontèks pa w la? ?

Aktivite yo

Enstriksyon yo

Aprè etid ki fin fèt la, èske w panse ke inite a se prensip fondamantal ak pètinan nan epòk sa pou lamarye yo? Ekspoze twa rezon pou pi piti epi bay plizyè agiman.

_____
_____
_____
_____
_____
_____
_____
_____
_____
_____
_____
_____
_____
_____
_____
_____
_____
_____
_____
_____
_____
_____

Egal, diferan ak konplemantè

Leson 6

Leson 6

Egal, diferan ak konplemantè

OBJEKTIF YO

- Apwoche nou vè yon konpreyansyon ki apwopriye sou egalite ant gason ak fi tankou moun ke Bondye te kreye.
- Genyen yon konpreyansyon klè diferans ki egziste ant gason ak fi a, se pat pou fè yo divize, men pito se pou rann yo vin pi fò lè yo mete tèt yo ansanm.

LIDE PRENSIPAL YO

- Bondye te kreye gason ak fi ak imaj ak resanblans li antan ke moun ki tout antye.
- Se Bondye menm ki te kreye gason ak fi epi yo diferan nan anpil aspè men yo se pafè konplemantè a pou yo ranpli misyon Bondye a.
- Lè gason an ak fanm nan ap viv konplemantarite nan maryaj la yo montre imaj Bondye a.

Entwodiksyon

Petèt ou te konn tande fraz tankou: "M'ap chèche chosèt jòn mwen an"[1] oubyen "ou bezwen chosèt jòn ou an" oswa "mwen te jwenn chosèt jòn ou an!" Fraz ki genyen orijin li nan yon kouran filozofik ki pa genyen anyen pou wè avèk Bib la epi malgre yo te trè popilè byen lwen de sa Bondye te planifye lè lite kreye moun nan (gason ak fanm). Ekspresyon popilè sa montre ke tout moun enkonplèt jouskaske li jwenn "lòt mwatye li a" ki pou konplete li; ke antanke èt ki enkonplè, yo pa janm kapab rive santi yo alèz pou kont yo epi se yon ijans pou ke yo jwenn lòt mwatye a pou ke anfen! yo vin konplè.

Lè n'ap etidye kreyasyon an moun, depi nan Jenèz 1:26 rive nan 2:25, nou konprann ke yo se èt ke Bondye te kreye ki inik ak san parèy, egal epi menm bagay la ak tout diferans yo, konplè nan yo menm pou viv nan relasyon konplemantasyon an ak lòt moun.

Baze sou sa a, nou ka afime maryaj sa se yon pwojè an komen ki egzije yon total entèdepandans sou de pati èt imen ki konplè yo (gason ak fi) ki genyen ladan li. Yon pwojè ki, pou realizasyon konplèt li, sa mande akonpayman olye de endividyalis, akò nan mitan diferans ak koperasyon olye de konpetisyon.

> "Se Bondye ki kreye nou èt inik ak èksèpsyonèl, egal epi an menm tan diferansye, konplèt pou viv nan yon relasyon konplemantarite ak lòt moun".

Menm jan, diferan, konplemantè, twa mo ki defini moun trè byen (gason ak fi) ke Bondye te kreye. Twa konsèp ki pa trè fasil pou aplike nan pratik nan kontèks maryaj la. Se pou nou gade yon ti kras plis an detay nan chak mo sa yo ki soti nan Bib la.

Menm jan

Kreye moun nan se te lide Bondye, pou yo te gason ak fi tou, menm jan ak imaj li. Fanm lan ak nonm lan Bondye te kreye e toule de te resevwa souf lavi (Jenèz 2:7). Gen kèk tradiksyon sou istwa kreyasyon fanm nan nan liv Jenèz 2 a ki te kapab bay lide klè ke fanm lan te yon èt "kreye" ki soti nan gason an vre. Men, yon ti rega ki plis detaye sou tèks biblik la ap ede nou wè ke se pat konsa.

Nan Jenèz 1:26-28 kreyasyon imen an, gason ak fanm. Nan Jenèz 2:21-22 nou gen yon kont pi espesifik epi nan li nou wè ke literalman, Bondye te fòme (v'yiven) fanm lan, li pa t kreye li paske li te deja kreye (Jenèz 1:26-28). Yon lòt detay ke nou dwe souliye se ke Bondye te soti nan bò kote[2] gason an (Adan). Se poutèt sa, nou wè ke tou de gason ak fi yo te soti nan menm sous la epi yo te pataje menm chè ki soti nan pousyè tè a kote Bondye te bay lavi atravè souf li (Jenèz 2:7). Lè nou li nan Jenèz 2:23, nou jwenn ke gen yon esklamasyon bò kote Adan, epi sa ede nou konprann ke fanm te fèt bò kote Adan epi li pat kreye apati de yon zo. Adan eskli "... kounye a se zo nan zo mwen yo ak chè nan chè mwen..."

Klè endikasyon ke fanm lan te fòme ak tout bò kote (zo ak chè). Ak yon ekspresyon kè kontan, nan kè kontan entans lè li te rankontre avèk lòt la; youn ki menm jan, ki gen valè nan tèt li, lib, endepandan ak responsab. Yon lòt moun ki te remake li, yon moun ke li kabat etabli yon rapò ak vin fè "yon sèl", nan yon relasyon de entèdepandans, sitou nan egalite antan ke moun.

Egal nan limanite. Gason ak fanm yo egal nan nati esansyèl yo. Anvan pou yo te fanm ak gason, yo se èt imen (Jenèz 1:26-27; 5:1-2). Aspè ke nou dwe konsidere kòm fondamantal nan relasyon imen yo; yon bagay ki pa yon ti koze si nou konsidere gwo diskriminasyon sèks ke nou soufri jodi a nan tout aspè nan sosyete kote dwa moun yo pa respekte, kòmanse pou dwa a yo dwe trete kòm èt imen, kèlkeswa jan an. Sa a plis prezan pase sa ke nou kapab panse entèn nan relasyon matrimonyal la. Se yon bagay ki byen chita nan nou ke nou pa t avèti li kòm yon atitid diskriminatwa ki ale kont lide Bondye lè li t'ap kreye nou an. Se konsa yon etid revele kote ke chèchè "Dahl ak Moretti konkli ke 'ansyen an patipri pou gason yo pa te fèmen nan tan sot pase a e ke menm jodi a li toujou valab'. Nan peyi Etazini, pa egzanp, 48% nan gason ta prefere gen timoun ki genyen menm sèks avèk yo epi sèlman 19% ta chwazi leve ti fi. Aprè ke yo fin konpare done avèk 16 lòt peyi chwazi sou chans, chèchè yo te konfime tandans sa a nan pifò ladan yo; sèlman nan peyi Espay, Lityani ak Islann, yo jwenn siy kontrè ak tandans sa a".[3]

> Fè kòmantè sou deklarasyon sa a: "Se Bondye ki kreye gason ak fi e tou de te resevwa souf lavi a (Jenèz 2:7)".

Egalite nan diyite. Sa a se pa plis pase valè ke chak moun genyen. Pa konsepsyon diven pa gen moun ki gen plis valè pase yon lòt. Bondye pa kreye okenn lòt kreyasyon nan imaj ak resanblans li epi li te "soufle souf lavi a nan nen l" (Jenèz 2:7), sèlman nan lòm (fanm ak gason). Se poutèt sa, chak moun egal, li sakre. Pakonsekan, okenn moun pa dwe diskriminen yon lòt ki te kreye (gason ak fi), nan okenn kontèks, epi sa enkli maryaj, li ka soumète oswa delivre lòt la, konsa sabotaj diyite l. Isit la nou dwe rekonèt kilti patriyakal ak je nou, an menm tan ke nou kenbe anpil ansèyman nan tan lontan an tankou nan Saint Augustine, li menm ke yo rekonèt kòm youn nan zansèt legliz yo. Li te konsidere fanm kòm yon moun ki enferyè ki pat kreyasyon Bondye, alevwa pou panse ke li te fèt nan imaj ak sanble Li. Pozisyon sa a te kontinye jiska Mwayennaj. Anpil moun te dakò ke se sèlman gason an ki te fèt nan imaj Bondye, epi di yon bagay ki diferan se ta yon betiz. Saint Augustine te di ke li koresponn anpil nan "Jistis kòm Lòd natirèl limanite ke fanm yo la pou sèvi gason yo". Lòd ki dwat la reyalize sèlman lè gason an kòmande epi fanm nan obeyi". Li ka sanble yon deklarasyon total absid pou tan n'ap viv la, men malerezman se pa konsa. Vyolans domestik nan tout fòm li yo ak pousantaj mòtalite ki genyen kont fanm yo jodi a yo reyalize ke diyite moun nan toujou gen relasyon avèk sèks[5].

> Enfòmasyon ofisyèl pou 19 peyi nan Amerik Latin nan ak Karayib la montre yon total de 2,795 fanm viktim femisid[4] nan ane 2017. Sa vle di 8 fanm yo touye chak 24 èdtan.

Egal nan dwa ak responsablite yo. Tout èt imen yo, fanm ak gason, yo tout dwe genyen menm dwa ak responsablite. Tèks biblik kreyasyon an pa mansyone diferans nan sans sa a. Li pa pale de gouvènè, otorite ou dominasyon de yon èt imen sou yon lòt. Li montre aklè ke travay la te konfye a tou de (fanm ak gason) te dwe obeyi li lè yo te deside (administre, domine) sou kreyasyon an, se pat janm epi anba okenn sikonstans sou yo oswa lòt èt imen (Jenèz 1:28-30). Gason ak fi yo te ko-administratè yo, nan tout travay yo te konfye yo a. Sa pale byen klè de yon maryaj kote ke mari oswa madanm yo ap fè egzèsis lib yo sou menm dwa ak responsablite nan lavi. Sa a pale de menm dwa, pa egzanp pou etidye, travay, akonpli, devlope kòm moun epi santi satisfaksyon total devan lavi. Li pale nou tou sou menm dwa pou patisipe nan pran desizyon san presyon ak kondisyon. Li pale nou egalite, enklizyon, pou pataje travay domestik yo. Nan anpil nan kèk ka, konstriksyon sosyal yo te rive asosye responsablite yo ak sèks chak moun.

Se menm tankou si se te kèk misyon ki soti nan Bondye pou li. Nan maryaj la, tou de (gason ak fi) yo genyen menm responsab epi bay timoun yo sekirite, lanmou, sipò finansye ak yon anviwònman favorab pou kwasans apwopriye yo. "Pou ti gason ak tifi yo, moun ki plis enpòtan nan mond lan se pa politisyen yo ni direktè ajans devlopman yo, men pito se manman ak papa yo, k'ap pran desizyon ki fondamantal chak jou pou yo, tankou yon pati nan responsablite yo pou travay nan kay ak pran swen timoun yo. Egalite ant sèks yo se yon bagay ki esansyèl pou mond lan nan tèm Deklarasyon Milenyòm nan, ke Nasyon Zini te apwouve".[6]

Divize, separe ak klasifye atitid ki natirèl nan entèraksyon nou yo antan ke imen, epi premye moun ke nou pratike yo se avèk mari oswa madanm nou. Gen anpil nan sa yo k'ap vini atravè anviwònman an, soti nan sosyete a li menm, kilti ak sistèm k'ap gouvène nou yo. Men, nan maryaj la, nan nwayo fondamantal ke Bondye te kreye a, nou dwe opoze avèk li pandan ke n'ap fè manifeste entansyon ke Kreyatè a te genyen lè li te kreye nou menm jan an.

Diferan

Petèt diferan, trè diferan! se sa nou panse lè nou pale de fanm ak gason. Epi se vre, nou tout se èt imen ki egal yon kote, men diferan sou yon lòt kote, byen ke genyen anpil etid ki montre ke gen plis diferans sikolojik ant moun ki genyen menm sèks pase sa yo ke gason ak fanm yo prezante yo nan tèm jeneral yo. Tout sa fè pati de fason ke nou konplekse antan ke èt imen ak jan ke jiskaprezan nou konnen èt imen yon vye ti kras nan totalite li. Avansman lasyans ak teknoloji aplike a, pami yo patikilyèman newoloji, yo te pote nouvo enfòmasyon epi fè limyè sou sijè sa a. Men jouskaprezan, genyen yon chemen ki byen long pou nou kouri.

Akòz de konpleksite li, nan lasyans yo chak jou y'ap pale ak plis sekirite nan travay ak modèl entèdisiplinè oswa apwòch pou etid imen an. Pa egzanp, li te di ke èt imen an se yon èt biyopsikososyal, ki vle di ke genyen divès kalite konpozan ki kominike nan devlopman lavi li. Yon kote, tout bagay ki gen rapò ak byolojik la kòm òganis vivan (jenetik, nitrisyon, repo, ak anpil lòt ankò); yon lòt kote, se tout bagay ki gen pou wè avèk aktivite mantal la (fòmasyon sichik, chòk, elatriye) e tou tout bagay ki gen rapò ak entèraksyon ak lòt èt imen ak anviwònman ke l'ap vire tounen an.

Depi kreyasyon an, Bondye te kreye lòm byen diferan. Se li menm ki te kreye gason ak fanm, se sa ke Jenèz 1:27 di. Yon diferans depi nan kòmansman se ke Bondye te fè èt seksyèl (etewoseksyèl), sa ki pouse nou panse sou diferans fizik yo. Men sa pa gen pou wè sèlman ak pati jenital la, men pito tout sa ki gen pou wè avèk pati fizik la. Nan sans sa a, epi avèk objektif pou rann medsin nan endividyèl epi bay yon pi bon rezilta, Enstiti Medsin nan peyi Etazini (National Institute of Health)

¿ ? Bondye te kreye gason ak fanm egal nan dwa ak responsablite. Ki faktè ki enfliyanse pou sa pa reyèl nan maryaj la jounen jodi a?

¿ ? Poukisa nou di ke moun nan konplèks?

pran pozisyon li pou etidye diferans sa yo ki nan gason avèk fanm yo. Newobiyològ Louann Brazendine, di ke tout selil ki nan kò fanm yo feminen epi tout selil ki nan kò gason yo maskilen, e ke ren yo, kè a ak sèvo a koresponn ak yo chak. Syans lan konfime diferans fondamantal ke Bondye te enplante nan kreyasyon an: "... Li kreye yo gason ak fi" Jenèz 1:27.

Epi non sèlman diferans sa a ka verifye fizikman, genyen plizyè lòt aspè ki konfime l tou. Helen M. Alvaré ak George Mason yo di ke pou kounye a, genyen anpil liv ak atik k'ap prezante rezilta de deseni nan rechèch syantifik sou "egzistans diferans ant gason ak fanm nan tout aspè, ki soti nan pèsepsyon espesyal atravè teknik pou rezoud pwoblèm, pèsepsyon kontèks, modèl memwa ak sik repo yo... otè yo gade orijin diferans sa yo nan anpil sous ki diferan tankou evolisyon, konstriksyon biyolojik, jèn yo, aksyon òmòn yo (depi nan konsepsyon pou rive nan lanmò) ak kondisyon familyal yo ak sosyal".[7]

Definitivman, menm jan ke nou egal la, nou byen diferan tou. Fanm yo gen tandans ki plis panche sou koutans, se rezon sa ki fè ke yo bezwen koute ekspresyon ki genyen anpil afeksyon; yon lòt kote, gason yo gen plis baze sou sa yo wè, apati de la, yo plis bezwen wè olye pou yo tande, san mansyone ke yo fè sa avèk anpil feblès. Fanm lan eksprime santiman li yo epi gason an kenbe yo nan tèt li. Fas ak konfli yo, fanm nan bezwen transfòme yo an mo, Se poutèt sa, li pale ak mari, manman, vwazen, oswa zanmi; pandan se tan, gason an sèlman chita pale avèk moun ki kapab bay solisyon an oubyen lè konfli yo fin rezoud, pandan se tan li prefere rete silans. Gwo diferans sa fèt paske nan rakonte lòt moun pwoblèm nan, fanm nan santi li jwenn lasante epi libere tèt li, pandan ke gason an ki bezwen resevwa admirasyon, li oblije lage ap rakonte lòt moun rezolisyon ke li rive atenn nan. De tout fason, gason yo pale aksyon yo epi fanm yo menm se mo yo.

Mesye yo ap viv daprè objektif yo ki vrèman diferan pa rapò ak fanm yo ki fè yo sou yon baz pwosesis. Sa a se yon bagay ki trè klè nan koze sèks la, kote ke genyen twa moman trè remakab ki fè relasyon an antye: yon anvan, yon prezan ak yon aprè. Pandan ke fanm yo bay plis enpòtans ak anvan epi aprè rapò seksyèl la, gason yo plis konsantre sou prezan (prèske sèlman nan penetrasyon ak ejakilasyon oubyen ògasm). Li konsa, paske gason yo plis an kontak ak fizik, bezwen seksyèl, pandan ke fanm yo plis konsantre sou bezwen emosyonèl. Lè tou de bezwen sa yo vin fè yon sèl, gason ak fi a jwi sèks la konplètman nan relasyon yo a.

Gason ak fanm yo, nou prezante anpil diferans sou "konsepsyon" ki genyen anpil enpòtans pou nou souliye epi mete aksan sou yo, déjà depi nou byen konnen yo, yo pral ede nou pi byen konprann yo ak mari oswa madanm lan. Diferans jwenn rezolisyon nan rankont gason ak fanm k ap viv nan fason ke Bondye te etabli a.

Complementarios

Lè ke nou kòmanse devlope konsèp sa a, li enpòtan pou nou repete ak fè parèt klè ke nou se èt ki konplè. Chak moun yo ke Bondye te kreye genyen kapasite nesesè pou fè anpil bagay pou kont li.

Kòm yon règ jeneral nou di ke nou se konpleman chak lòt men ak lide (konsyan oswa non) pou konplete lòt la. Yon lide ke nou te deja wè ki pa soti nan Bib la men pito nan mitoloji grèk la, epi sosyalman li transmèt epi rive prèske tankou yon verite. Kontrèman ak sa a, sa ke tèks biblik la pwopoze nou sou kreyasyon an se konplemantarite a, fè pati de yon antye. Nou konprann konplemantarite a kòm yon asosyasyon kote ke chak nan pati yo (konplèt atravè yo menm) yo konplete tout bagay, se pa lòt pati a. Petèt, la nou dwe sonje ke maryaj la se imaj Bondye. Wè Bondye nan inite pafè li, nou dekouvri ke yo pat konplete, men ant Papa a, Pitit la ak Sentespri a, genyen yon konplemantarite ki pafè.

Nan kreyasyon gason ak fi a nan Jenèz 1:27, li atire atansyon ke aprè benediksyon an, Bondye komisyone yo tou de pou yo miltipliye. Definitivman yon apèl nan favè konplemantarite a sou tout pwen de vi. Kòmanse avèk mwayen ke Bondye te etabli pou koze prodiksyon, rapò seksyèl, ak kontinye responsablite nan ogmante ak levasyon timoun yo. Yon aktivite totalman konplemantè. Malgre ke lòm ta chèche anpil metòd atifisyèl pou repwodiksyon, yo toujou bezwen patisipasyon gason ak fi yo. Konplemantarite ant fanm ak gason se te plan Bondye depi nan kòmansman epi sa ke li toujou ye. Sa a endike yon estatistik ki global, menm jan ke Kreyatè a te deja planifye li depi nan kòmansman, li montre ke genyen 50.4% gason ak 49.6% fanm.[8] Yon pousantaj ki konsève sou tan ratifikasyon ke Bondye vle a.

Yon lòt kote, menm apèl pou konplemantarite a evidan nan dezyèm travay ke yo te dwe devlope: "... Mwen vle pou ke nou fè pitit, fè anpil anpil pitit mete sou tè a. Donte tè a. Mwen ban nou pouvwa sou pwason ki nan lanmè, sou zwazo ki nan syèl la, ak sou tout bèt vivan k'ap mache sou tè a " (Jenèz 1:28). Gason ak fi a, fi ak gason an yo, se Bondye menm ki te kreye yo, epi yo se ko-administratè, sanble san yo pat etabli yerachi ant yo, ni endikasyon sou kijan pou yo te rive egzekite lòd la. Se poutèt sa ke premye maryaj la te dwe mete dwe fè yon sèl pou rive egzekite misyon sa. Yon konplemantasyon disip nan Ministè a ki baze sou kapasite ak don, pran an kont kapasite avèk aptitid pou diferan travay ki te dwe reyalize yon fason pou yo te rive akonpli misyon ke Bondye te bay la.

¿ Ki diferans ki genyen ant konplè ak konpleman?

Nan tèks biblik kreyasyon an ki nan Jenèz 2 yon deskripsyon ki plis detaye sou kreyasyon moun yo (gason ak fanm), epi se la kote nou wè konplemantarite a kòm prensip kle ke Bondye te panse pou lavi lamarye a.

Jenèz 2:5 di ke "pa te gen okenn moun[9] (Adan) pou ke li te travay latè". Li kontinye di: "Lè sa a, Seyè a, Bondye a, pran pousyè tè, li fè yon nonm (Adan). Li soufle nan twou nen nonm lan (Adan) pou l' ba li lavi. Epi nonm lan vin vivan"Jenèz 2:7. Seyè a, Bondye a, pran nonm lan (Adan), li mete l' nan jaden Edenn lan pou l' travay li, pou l' pran swen l' (Jenèz 2:15). "Yon pwen kle nan agiman an parèt nan Jenèz 2:18 lè Bondye, Seyè a te di: Seyè a, Bondye a, di ankò. Sa pa bon pou nonm lan rete pou kont li. M'ap fè yon lòt moun sanble avè l' pou ede l'. Jiska pwen sa a pa te gen okenn mansyon de gason oubyen fi. Se lòm menm ki te kreye atravè pousyè ki soti nan tè a epi resevwa misyon pou l pran swen kreyasyon an. Se èt imen an ki pat dwe pou kont li, e se pou li tou ke Bondye ta pral fè yon èd apwopriye pou ede li. Se pa gason an ki pou kont li epi ki bezwen èd, oswa fanm lan ki pou kont li epi li bezwen èd. Se moun nan menn - nenpòt ki moun nan - moun ki pou kont li epi ki bezwen èd. Epi Bondye pwomèt pou l kreye konpanyon sa pou izòlman ak nesesite moun nan".[10]

Mo ki tradwi kòm "èd" nan Jenèz 2:18 la se vokabilè Ebre "ezer" epi li vle di "li oubyen li ki sove a", "gason oubyen fi k'ap ede"a, "gason oswa yon sèl ki ede". Li soti nan de rasin ebre ki vle di "pouvwa", "fòterès", "rezistans". Menm mo sa ki se "ezer" parèt 22 fwa nan Ansyen Testaman an ak nan 17 nan yo li dekri Bondye ede Pèp li a (Egzòd 18:4; Detewonòm 33:7, 26, 29; 1 Samyèl 7:12; Sòm 20:2; 33:20; 70:5; 89:17; 115:9-11; 121:1-2; 124:8; 146:5; Ezayi 30:5; Ezekyèl 12:14; Danyèl 11:34 ak Oze 13:9), li te "ezer" yo. Nan tout ka kote mo "ezer" a itilize, moun k'ap bay èd la toujou siperyè fas ak moun ki resevwa li a. Nan okenn nan de okazyon yo kote ke yo itilize mo "ezer" a nan kreyasyon an enplike "sèvi", "enferyorite" oswa "soumisyon" fanm ak gason. Relasyon an yerachize nan soumisyon fanm nan anvè gason an pa t 'objektif Bondye nan kreyasyon an. Se jis rezilta peche a (Jenèz 3:16). Dominasyon an se yon estrikti nan peche a.

Mo ki tradwi kòm "apwopriye", "adekwa", "ideyal" nan mitan anpil lòt, se vokabilè ebre a "ke-negdó". Nan Jenèz 2:18 li parèt pou kalifye èd ke Bondye pwomèt èt imen an (Adan). Mo "ke-negdó" a soti nan rasin mo negued ki vle di "nan fas ki kontrè a". Lè n'ap swiv rasin li, "ke-negdó" literalman vle di "fas a", "kont","opoze a". Nou ka di se tankou miray ki la pou soutni yon konstriksyon, miray ki fè fas a epi ki ede soutni bilding lan. Yon miray ak menm karakteristik yo paske se pral kofray ki pou sipòte konstriksyon an tout antye. Se konsa, Bondye te pwomèt lòm nan (Adan) yon èd ki fò, pwisan ak rezistan, ki pral devan l epi fas ak bò ki opoze pou akonplisman misyon l lan.

Nan konsepsyon orijinal la, Bondye te bay imen an (gason ak fi) ede ak yon wòl kle. Li ta soulajman, èd ak delivre e menm nan opozisyon lè moun nan te vle dezobeyi Bondye. Sonje ke Bondye te "ezer" pèp li a epi se nan menm mo a pou endike èd Bondye bay lòm.

Definitivman nan kreyasyon Bondye a nou wè yon relasyon an plen konpleman ant yon fanm ak yon gason, egal ak diferan nan menm tan an kote pa gen okenn depandans oswa soumisyon ant sèks yo. Relasyon nan domèn ak soumisyon ant èt imen se te yon konsekans peche (Jenèz 3:16) epi sa pat janm fè pati de plan Bondye a.

Chak moun ki marye yo gen obligasyon pou soti al rankontre avèk lòt la epi ansanm pou yo reve, panse, deside ak travay fonksyon objektif komen yo ansanm. Maryaj se yon relasyon ki te bati nan lapè, ak kontribisyon yo chak. Sa gen pou wè avèk de moun ki te pou kont yo epi ki te kapab kontinye konsa, men yo deside pran yon chemen ansanm, ki mande pou sispann panse endividyèlman pou fè l 'ansanm.

> Chak moun ki marye yo gen obligasyon pou soti al rankontre avèk lòt la epi ansanm pou yo reve, panse, deside ak travay fonksyon objektif komen yo ansanm.

Nan konplemantasyon an, gason ak fanm yo gen pouvwa epi vin pi plis pase sa yo te kapab ye endividyèlman. Nan relasyon konplemantè a, kapasite yo vin pi fò pou ke yo chak vin amelyore epi simonte difikilte yo. Chak moun pral pote yon rega diferan ke atravè menm sèks la pa yo pap kapab jwenn li. Konplemantarite a pa anile sengilarite a, okontrè apati de li, chak mari oswa madanm yo pral kontribye pwòp pèspektiv paske gason ak fanm gen vizyon mondyal diferan. "Sa vle di ke, nan kèk fason, nou se imaj Bondye nan konplemantarite sèks yo. Kòm gason ak fanm, nou fè ministè envizib Bondye a vin vizib".[11]

Konklizyon

Egzakteman egal, absoliman diferan ak pafètman konplemantè. Tout bagay te byen panse, planifye epi kreye pa mwayen Bondye menm.

Konsènan diferans ki genyen ant gason ak fanm yo, jouskaprezan genyen yon chemen ki byen long pou pakouri malgre anpil dekouvèt enpòtan ki reyalize yo. Sepandan, yon bagay ke lasyans di jodi a se ke gason ak fanm yo diferan men konplemantè. Konklizyon li yo ale nan direksyon Pawòl Bondye a epi ratifye li.

Aktivite yo

Enstriksyon yo

Diskite avèk lòt patisipan yo osijè de kòman nou kapab mete prensip Bondye sa yo pou lamarye a an pratik. Ekri konklizyon yo.

Jouskaske lanmò separe yo

Leson 7

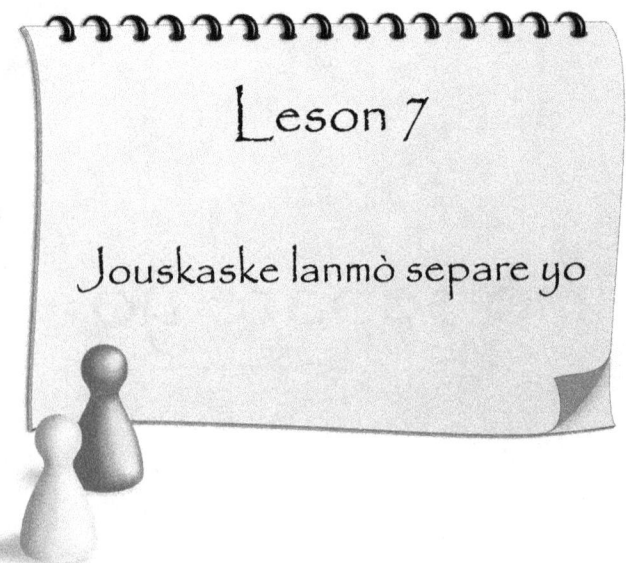

Leson 7

Jouskaske lanmò separe yo

OBJEKTIF YO

- Konprann ke nan konsepsyon orijinal la nan Bondye, prensip pèmanans lan se kle nan relasyon matrimonyal la.

LIDE PRENSIPAL YO

- Maryaj Bondye te etabli a te fèt pou kè kontan epi pou tout lavi.
- Lè n'ap viv prensip pèmanans lan, nou bay sekirite ak konfyans nan lòt la ak estabilite nan fanmi an.
- Prensip pèmanans lan pèmèt ke nou devlope yon angajman pou aprann atizay pou viv ansanm.
- Angajman pou rete jiska lafen an se yon prensip fondamantal nan maryaj la.

Entwodiksyon

Sace Sa fè yon bon ti tan depi nou te achte yon djonp USB epi yon jou lè nou te deside sèvi avèk li, li pat fonksyone.

Memwa sa sipozeman, li te nan "bon kalite" e menm te gen yon garanti pou tout lavi, pou sa nou pat janm panse li t'ap sispann fonksyone tèlman rapid. Yon jèn ti gason ki te avèk nou, mande depi konbyen tan nou te achte li? Yon ti kras plis pase yon ane, nou te di l. Pou rezon sa, tou natirèlman, li te reponn, e konbyen tan ankò nou te vle pou li dire! Nou te fè nou rete sispèk sispèk.

Se yon reyalite ke n'ap viv nan yon tan kote "tout bagay" dwe jetab, pou moman sa a, nan satisfaksyon imedya, vit, san yo pa reflechi sou mwayen ak mwens alontèm. Lide pou sèvi avèk ak abandone a bati sou lavi chak jou moun k'ap viv nan tan jounen jodi a. Se tras karakteristik tan posmodèn ke n ap viv la, sa ki absoli a pa gen plas e mwens si yo soti nan Bondye ki nan Bib la.

Petèt nou ta dwe mande tèt nou si sa ta dwe fèt konsa. Si fason sa "pou viv" afekte tout bagay, menm relasyon yo.

Si nou gade lamarye yo, nou wè yon reyalite ki menm jan an. Sou yon bò yo ap diminye maryaj yo epi divòs[1] yo menm ap ogmante; epi yon lòt kote, ogmantasyon vivans lan tankou yon koup san yo pa pase pa lalwa, se mwens pou legliz toujou. Definitivman gen yon tandans echapman anvè angajman pou rete nan yon relasyon matrimonyal, epi lide a enkonsyan ke sa pap mache.

Genyen yon kantite de rezon ki san limit ki obmante pou mete fen ak maryaj yo epi chèche kèk altènativ ki nouvo nan fwaye a. Kounye a se yon bagay ki vin natirèl kote ke moun yo konsidere ke koze maryaj la se pa pou ran moun viv alèz epi se mwens pou l ta konsidere tankou yon bagay ki la pou tout lavi, se tou senpleman "Pou tan ke li va dire a". Fason ke tout bagay sa yo anvayi legliz Senyè a epi depi yon bon tan sa te kòmanse antre nan lavi manm li yo kòm yon pati nan panse kretyen an.

Men, yon fwa ankò lè nou ale nan Bib la, nou jwenn ke nan konsepsyon Bondye pou maryaj la, li te gen yon entansyon diferan. Li etabli li pou tout lavi pandan ke yo tou de a nan mond sa a. Wi! Jiskaske lanmò separe yo.

Pèsevere: Lide Bondye a

Yon fwa ankò nou bezwen ale nan orijin tout bagay. Nan Jenèz 2:24, pasaj santral la konsènan maryaj, nou jwenn yon kòmansman san fen. Pasaj la pale nou de kòmansman ak pèmanans. Pa gen anyen ki endike ke relasyon ki genyen ant nonm lan ak fanm lan ta dwe tanporè. Pliske se te konsa, Bondye pa ta bay yon chaj konsa pou maryaj ki te fèk fòme a ak beni li (Jenèz 1: 28-30). Bondye te planifye li pou toujou, san reflechi sou kraze inite a, ki se yon eleman fondamantal nan relasyon maryaj la. Yon inite ki bati sou prensip pèmanans.

Lespri Bondye te gide ekriven biblik la pou li te itilize vèb Ebre "dabaq" pou endike ki kalite inite ke gason ak fanm yo ta dwe genyen nan relasyon matrimonyal la. Pa te genyen okenn aksidan. Li te entansyonèl. Vèb "dabaq la" vle di: rete soude oswa rete atache, rete ansanm, kenbe fèm, kontinye fèm, pèsevere nan. Tout siyifikasyon yo pale ak nou sou rete, kontinye sa ki te kòmanse oswa kòmanse pou pa fini.

Nouvo Vèsyon Entènasyonal la (NVE) tradwi "epi yo tou de a vin fonn pou fè yon sèl moun". Li sèvi ak vèb fonn nan pou ede nou konprann plis egzakteman siyifikasyon mo ebre "dabaq" la. Petèt fonn nan se bagay ki pi prè lide ke ekriven Jenèz la te vle kominike. Li enplike ke chak mari oswa madanm pral bay tèt yo nèt nan yon relasyon entim tankou okenn lòt (1 Korentyen 7: 4). Sa a se menm bagay lè nou di ke chak konjwen ap bay tèt yo, pral separe, pral konsakre, pral elwanye, pral delivre epi yo dwe konplètman rezève pou lòt la osi lontan ke yo vivan.

Yon relasyon ki soti nan pèspektiv diven genyen ladan li eksklizivite, lwayote, angajman, tan, devouman, travay di, sakrifis, remisyon… ak plis bagay ankò (1 Korentyen 7: 32-34). Pafwa nou konnn tande yo di ke maryaj se 50% ak 50%. Pa genyen okenn pasaj ki bay ide sa a. Reyalite ke Bondye mete an fas nou se yon bagay ki radikalman diferan. Maryaj la mande pou l 100% nan chak konjwen lè yo tou de a pwomèt rete nan relasyon an jouk sa kaba. Maryaj la se espas ke Bondye kreye pou ke manm li yo kapab sa Bondye vle pou yo ye a. Sa vle di ke youn ak lòt, nan yon relasyon pèmanan, yo pral ede youn ak lòt devlope tout potansyèl ke chak konjwen genyen nan tout lavi yo ansanm. Relasyon maryaj la se espas kote chak moun ede lòt la reyalize sentete (Pwovèb 27:17).

Prensip pèmanans lan, ke depi nan Jenèz Bondye te etabli fòm maryaj la, nou ka wè li nan tout Bib la. Wa Salomon, nan koleksyon

> Èske ou ka idantifye kèk lòt pasaj biblik kote ou kapab jwenn prensip pèmanans lan? Aprè w fin jwenn li, fè yon kòmantè sou pasaj la.

Pwovèb li a, li di bagay sa nan chapit 5: "Fè kè ou kontan ak madanm ou. Pran plezi ou ak madanm ou renmen depi lè ou te jenn lan. L'ap bèl, l'ap anfòm tankou nègès banda. Se pou karès li yo toujou fè kè ou kontan, se pou ou toujou renmen fè lamou ak li. Pitit mwen, poukisa pou ou renmen yon lòt fanm? Poukisa pou ou kite madanm ou pou madanm lòt moun?" Definitivman ekriven biblik la te fè referans klè ak yon relasyon pèmanans. Atravè pwovèb la, Salomon raple pitit gason l angajman ke li te pran l lè li te jèn nan. Li di li tou ke kantite tan ki pase pa oblije afekte relasyon an e ke pèseverans aktiv la dwe toujou la.

Apati de la, li fè yon apèl ak yon patisipasyon konplèt nan relasyon an, lè li di: "Se pou karès li yo toujou fè kè ou kontan, se pou ou toujou renmen fè lamou ak li". Angajman pou pèsevere a tradwi nan pataje tout bagay, nan tout tan.

Menm jan an tou, pwofèt Malachi te avèti moun ki t ap viv nan menm epòk la e li te atire atansyon yo sou enpòtans pou viv prensip pèmanans lan. Pwofèt la te di: "Bondye te wè sa tout moun fè ou: Lè ou te jèn, ou te marye epi ou te pwomèt pou w rete fidèl ak madanm ou. Men, yo pa te kenbe angajman yo. Bondye nou an te kreye nou pou nou fè yon sèl kò nan lespri. Se konsa li te kreye nou pou nou ta dwe yon moun ki viv apa pou li.

Bondye nou an rayi moun sa yo ki vyolan epi ki abandone madanm li. Se poutèt sa, fè atansyon epi nou pa dwe vire do bay madanm nou!" (Malachi 2:14-16). Ankò nou jwenn yon referans dirèk nan maryaj la ve ak vyolasyon nan pwomès ke yo te fè yo. Malachi mansyone isit la evènman kreyasyon ki nan Jenèz 2:24 lè li di: "Bondye te kreye nou pou nou fè yon sèl kò ak yon sèl lespri". Nan fason sa a, pwofèt Bondye a fè yo retounen koute fondasyon ke yo fèt pou viv sou li a: de lavi ki ini nan yon sèl. Yon inite ki gen pou wè avèk koze fizik, men tou entelektyèl, espirityèl, emosyonèl ak sosyal, tout domèn nan lavi. Fondamantalman, Malachi fè apèl ak oditè li yo pou pèsevere nan relasyon matrimonyal la, epi fè wè klè ke Bondye rayi moun ki pa fè sa.

> "Konsa, yo pa de ankò, men yo fè yon sèl kò. Se poutèt sa, pesonn moun pa gen dwa separe sa Bondye mete ansanm" Matye 19:6

Lè nou gade Nouvo Testaman an, nou wè Bondye kontinye ensiste sou menm lide ke li te genyen nan kreyasyon an. Nan twa pasaj yo (Matye 19:5 ak Mak 10:7-8 ak Efezyen 5:31) kote ki nan Jenèz 2:24 yo mansyone mo grèk "kolao" ki vle di "Tache, kole, respekte a". Lide a isit la se yon fwa ankò yon inite ki pwofon, ki gen pèmanans lan kòm yon prensip fondamantal. Mo "kolao" endike ke se tankou yon atachman ant de bagay ki ta gen enposiblite pou gen separasyon san ke youn pa deranje lòt.

Nan pasaj Matye ak Mak yo, kontèks la se yon kesyon tantatè ke farizyen yo te poze Jezi epi lè li te reponn, Li te fè referans ak kòmansman tout bagay ak objektif Kreyatè a.

Nou ta kapab byen di ke pwoblèm Farizyen yo te mete sou tab la se te posibilite pou yo pat pèsevere nan relasyon matrimonyal la. Farizyen sa yo t ap chèche yon lisans nan men Jezi pou yo te kontinye avèk yon pratik ki nan moman sa a te konplètman defòme.

Se lè sa a, ke Jezi, pa fason de konklizyon ak ensistans li te di yo: "Se konsa, pa gen de ankò, men yon sèl kò (men youn nan Mak); Se poutèt sa, pesonn moun pa gen dwa separe sa Bondye mete ansanm"(Matye 19:6; Mak 10:8b-9). Jezi te fè yon fèmti majistral kote ke li te mete pwen final nan pwoblèm lan. Nan lòt mo, Jezi te fè wè pi klè ke maryaj la se yon relasyon angajman ant yon gason ak yon fanm kote prensip pèmanans lan se yon lòd.

Lè ke apot Pòl, nan Efezyen 5:31, te site pasaj ki soti nan Jenèz 2:24 tou te itilize mo "kolao" epi fè sa pandan l'ap kontinye lide inite ki mande pèmanans lan. Apot la te itilize figi Kris la ak legliz la kòm yon mistè pou fè referans a ke inite pèmanan gason ak fanm nan maryaj la. Nou dwe sonje ke maryaj sa a se imaj Bondye depi nan kòmansman an, epi nan imaj ke Pòl itilize Kris la ak legliz la fè Efezyen yo remake dimansyon inite ak pèmanans ki rekòmande yo. "Sa se yon dekouvèt ki kapab fè ke koup la ka rive, swa depi nan kòmansman an, mwatye wout la oswa nan fen an, tou depann de pwosesis konpreyansyon mesaj kretyen an. Paske se yon fason pou viv lafwa kretyen an ki pral fè konprann chak jou pi bon siyifikasyon ke yo te yon koup kretyen, pandan ke y'ap plis mete tèt yo ansanm nan sous ak modèl alyans mari oswa madanm ki se linyon Kris la ak legliz la, epi konsa yo kapab vle di (eksprime) mistè eksperyans sa pi klè toujou".[2]

Prensip nan pèmanans lan

Sa a se yon prensip fondamantal, déjà ke marye a nan yon fason, li se yon bagay ki byen fasil pou fè, defi ki reyèl la se rete marye malgre diferan sitiyasyon yo gen pou yo viv. Prensip sa se tankou yon moso fil bousòl nan tout lavi relasyon matrimonyal la. Prensip pèmanans lan se reprezantasyon chak jou nan angajman ki etabli lè moun yo rantre nan enstitisyon ki rele maryaj la.

Prensip pèmanans lan mennen nou devlope angajman aprann atizay pou viv ansanm. Se pa yon pèmanans estatik, pasif, se tout aspè kontrè. Pèmanans ke Bondye te planifye nan kreyasyon an menm se pou maryaj la, se yon pèmanans ki devlope yon atitid aktif, nan yon rechèch pou amelyorasyon ki dirab.

Yon pèmanans ki se priyorite relasyon matrimonyal la sou tout lòt relasyon ak entansyonèlman pase tan ap travay nan relasyon an li menm. Yon pèmanans ki pa baze sou okenn kondisyon egoyis bò kote tou de konjwen yo, men pito nan angajman pou rete soude malgre ke, li jwenn finalite li epi apòte sekirite ak konfyans lòt la : "M'ap toujou rete bò kote w".

¿ Prensip pèswverans lan mennen nou devlope angajman pou aprann atizay viv ansanm. Kisa sa vle di pou ou? ?

Rete nan relasyon matrimonyal la

Ni gason ak fi yo ansanm epi angaje nan bati relasyon ki rele maryaj la. Nou dwe sonje ke yon jou, yo tou de te chwazi epi kite fanmi respektif yo ki gen orijin ak lòt relasyon yo, mete tèt yo ansanm jouskaske yo vin fè yon sèl youn avèk lòt (Jenèz 2:24). Angajman serye sa mete yo fas ak responsablite pou ke yo kenbe pwomès yo pou rete youn ak lòt. Yo menm, an premye.

Sa pa genyen anyen pou wè avèk rete nan menm kay oswa rete ansanm akoz de timoun yo, oswa pou yon lòt bagay, men pito se pou relasyon matrimonyal la epi se sèlman akoz de li. Nou deja mansyone nan plizyè okazyon ke relasyon matrimonyal la an premye epi pa gen anyen ni pèsonn ki dwe vin chanje priyorite sa a. Pou gason an, priyorite li se pral rete pou ak madanm li, epi pou fanm lan, priyorite li yo pral rete pou ak mari l, nan tout tan an ak pandan ke yo tou de ap viv la.

> Pou gason an, priyorite li se pral rete pou ak madanm li, epi pou fanm lan, priyorite li yo pral rete pou ak mari l, nan tout tan an ak pandan ke yo tou de ap viv la.

Gen koup ki rete k ap viv anba menm do kay, men yo byen lwen youn ak lòt, san yo pa fè mari oswa madanm nan yon priyorite nan relasyon matrimonyal la reyèl nan lavi yo. Se kòm si rete ap viv nan menm kay la ta ase. Menm jan an tou, nou jwenn maryaj ki pèdi ray, ke tou de, gason an ak fanm nan plis atache ak pitit li pase madanm li. Yon fanm, rakonte istwa li, aprè kèk ane divòse, li te di, "Mwen pa ta menm vle konsidere si li pa t 'yon bon mari, men pwoblèm nan se ke li te yon papa absan". Derayman koup sa te tankou ke si yo tou de te kontinye "marye ak pitit yo" yo ta toujou "rete" nan yon aparan relasyon matrimonyal, tankou anpil moun ke nou ka wè jodi a. Mete timoun yo an premye pozisyon se tankou yon pwoblèm ki tèlman komen sèjousi ke li sanble etranj pou bay priyorite ak relasyon matrimonyal la plis pase patènite a. ami bagay sa yo ke ekriven Sloane Bradshaw te aprann pita aprè ke li te fin divòse se ke relasyon matrimonyal la se pou de epi li mande priyorite ak travay san yo pa kite anyen oswa nenpòt moun sèvi li obstak. Bradshaw di: "Mwen te plase pitit mwen yo an premye... nou pat janm poukont nou epi ansanm, epi nou pat janm pase kèk nwit pou kont nou san timoun".

Kòmante osijè de bagay sa yo: Ant bagay ke ekriven Sloane Bradshaw te aprann ke relasyon matrimonyal la se pou yo tou de jous aprè ke li te fin divòse, li fè konnen tou ke li te aprann ke sa mande priyorite ak anpil travay san kite anyen ni pèsòn deranje li. Bradshaw di konsa: "Mwen te plase ti moun mwen yo nan premye plas... nou pat janm rete pou kont nou, epi nou pat janm pran randevou pou ke nou te pase kèk nwit san ti moun yo".[3]

Fè kòmantè sou bagay sa a yo: Pami bagay sa yo blogger Sloane Bradshaw te aprann apre divòs li a ke relasyon maryaj la se pou yo tou de epi li mande priyorite ak travay san yo pa kite anyen oswa okenn moun vin anpeche yo avanse sou chemen yo. Bradshaw di: "Mwen mete ti moun mwen yo an premye... nou pa t janm ansanm poukont nou, epi nou pa janm te gen sware randevou san timoun yo".

Maryaj la se pou latè

Maryaj la se yon pwojè ki planifye nan syèl la pou nou ka viv li sou latè. Nan plizyè okazyon, nan bouch moun ki damou yo, nan anpil lèt chante ak powèm yo, yo pale de angajman, jouskaske sa kaba! Se kòm si renmen ant mari oswa madanm depase lavi sa a.

Jezi te fè wè byen klè ke nan rezirèksyon an pa pral gen oze lamarye a menm. Nan Levanjil selon Matye, lè Sadiseyen yo te poze Jezi kesyon sou sijè sa a, Li te trè radikal: "Lè mò yo va gen pou leve, fanm ak gason pa nan marye ankò. Tout moun pral viv tankou zanj Bondye nan syèl la" (Matye 22:30).

> "Paske lè mò yo va gen pou leve, fanm ak gason pa nan marye ankò. Tout moun pral viv tankou zanj Bondye nan syèl la" Matye 22:30.

Apot Pòl te ekri nan lèt li te ekri Women yo analoji maryaj la epi bay eksplikasyon sou esklavaj nan peche, nan Lespri a ak lalwa Moyiz la. Li di: "Frè m' yo, mwen sèten nou konnen sa m' pral di nou la a deja, paske nou konn lalwa a: Se toutotan yon moun ap viv lalwa gen pouvwa sou li. M'ap pran yon egzanp: yon madan marye gen angajman avèk mari l' devan lalwa toutotan mari a vivan. Men, si mari a mouri, madanm lan lib devan lalwa annegad mari a. Si pandan mari a vivan toujou, madanm lan vin fanm yon lòt gason, y'ap rele madanm lan adiltè. Men, si mari a mouri, li lib devan lalwa. Lè sa a, si l' vin fanm yon lòt gason, li pa yon adiltè" (Women 7:1-3). Apot la ap klarifye ke avèk lanmò fizik la, obligasyon lalwa yo sispann. Nan menm fason an ke lè youn nan konjwen yo mouri, mari oswa madanm nan, lòt la rete lib epi yo ka marye san okenn antrav (Women 7:3).

Rete ansanm, pandan y ap viv!

"Se poutèt sa, pesonn moun pa gen dwa separe sa Bondye mete ansanm" (Matye 19:6). Bondye te etabli inyon matrimonyal la pou dire tout lavi sou latè. Malerezman, peche a te antrave lavi moun yo epi se poutèt sa lè yo rantre nan maryaj la, yo pote anpil konsèp, modèl, lide ak atant sou relasyon an ak si yo pa aksepte, konprann oswa tolere pa mwayen lòt moun nan fini pa degrade relasyon an epi fini avèk li. Sepandan, Bondye vle pou lamarye yo aprann aksepte ak travay avèk respè sou diferans ak dezakò yo. Bondye pa mande pou okenn moun rete nan yon relasyon kote sekirite yo ak entegrite fizik kapab an danje, men li tou pa atann ke desizyon an se fini yon relasyon ki kapab aranje epi amelyore pa mwayen gwo efò.

Maryaj la enplike, bò kote moun ki marye yo, yon angajman jouk sa kaba. Nou pa ta dwe trase sòti ijans tankou genyen metòd sa yo nan kèk gwo bilding pou itilize nan ka dife. Si sa rive, li pral difisil pou ke moun nan pa ta gen tantasyon pou itilize li. Nan lavi matrimonyal la genyen anpil sitiyasyon ki gen pou prezante kote ke l'ap pi fasil pou nou kwaze bra nou epi sispann pèsevere ak kontinye batay. Se poutèt sa, angajman pou rete ansanm jouk sa kaba a vin yon prensip fondamantal nan maryaj la.

¿ "Bondye vle pou lamarye yo aprann aksepte ak travay avèk respè sou diferans ak dezakò yo". ?

Kòmante sou li.

Aktivite yo

Enstriksyon yo

Eksplike prensip pèseverans lan avèk pwòp pawòl ou. Fè sa sou fòm konferans pou ke ou pataje li nan yon reyinyon ki genyen plizyè lamarye. Bay kèk egzanp, sèvi avèk plizyè dinamik, etc.

Restorasyon modèl original la

Leson 8

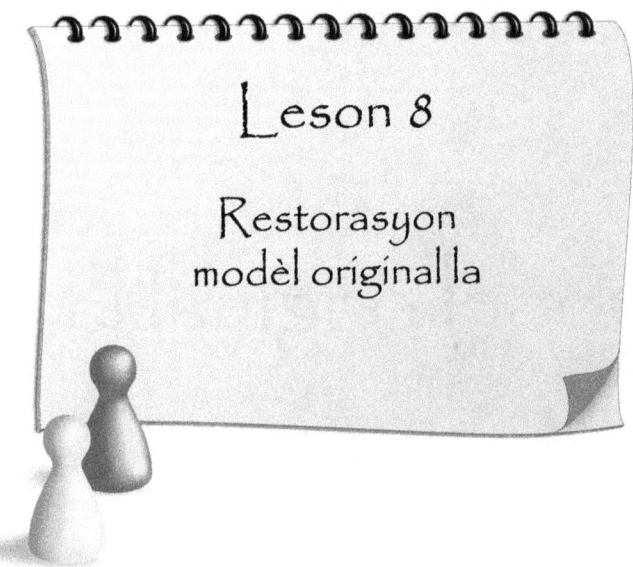

Leson 8

Restorasyon modèl original la

Entwodiksyon

Lè nou gade maryaj jodi yo, ta sanble ke konsepsyon orijinal Bondye a pa t fonksyone; epi se menm plis si nou kite estatistik frèt yo reyalite mond lan pote ale.

Nan leson sa a, nou pral nan Jenèz 1 ak 2 pou wè konsepsyon orijinal Bondye a. Answit, nan Jenèz chapit 3 nou pral wè ki jan peche te antre nan kreyasyon an epi ki jan efè li yo pwodwi yon chanjman total. Kreyasyon an avèk limanite te déjà pat menm ankò menm aprè peche a epi sa a ta prensipalman afekte maryaj ke Bondye te kreye a. Modèl orijinal la te afekte epi nou wè konsekans li yo nan tout Ansyen Testaman epi rive menm jounen jodi a.

Atravè plizyè ane, Pèp la te kòmanse konstwi plizyè modèl relasyon diferan ki fè y'ale lwen plan orijinal Bondye a. Malgre ke pèp la te goumen anpil pou kenbe modèl pa yo a, Bondye pat janm chanje plan epi li toujou ensiste ke pèp li a rete andedan modèl orijinal la. Sepandan, se jous nan Nouvo Testaman, kote nou te pral wè entèvansyon Kris la ak plan redanmtè pou restore tout bagay ki genyen nan maryaj la (Kolosyen 1:19-20).

OBJEKTIF YO

- Wè modèl maryaj ke Bondye te kreye a kòm modèl ki dwe retabli a.
- Dekouvri domaj ke peche a pwodui nan lòm (gason ak fi) ki afekte maryaj ke Bondye kreye a fondamantalman.
- Rekonèt ke redanmsyon ke Kris la te akonpli sou kwa a rive nan maryaj ak Lespri li ase pou retabli modèl orijinal Bondye a epi viv li jodi a.

LIDE PRENSIPAL YO

- Maryaj se te plan Bondye, egzekite benediksyon pou vin moun nan (gason ak fi) avèk lanmou.
- Lènmi Bondye a domaje maryaj la prensipalman epi efè li yo kontinye jiska jodi a.
- Modèl maryaj ke Bondye kreye a pa chanje, kidonk li nesesè pou konprann ke sakrifis Kris la tou rive nan maryaj epi li restore li ak modèl original ki nan Jenèz la.

Kreyasyon an: Modèl orijinal la

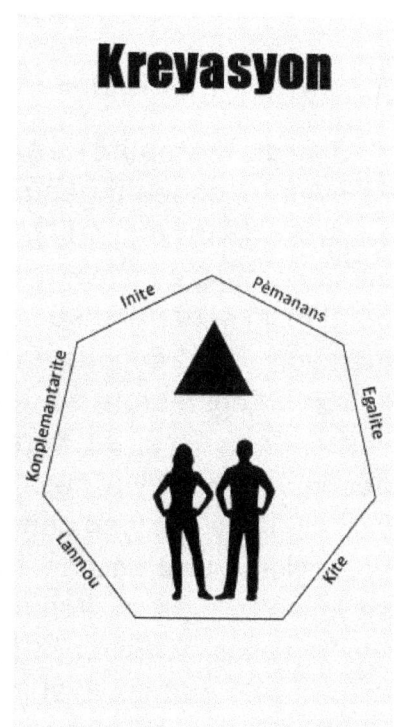

Yon fwa Aankò ann ale nan Jenèz, jisteman nan kòmansman tout bagay yo pou ke nou kapab dekouvri modèl orijinal Bondye a. La a, nou jwenn yon Bondye ki lib epi souveren ke depi nan premye moman ke li te prezante kòm yon Bondye Kreyatè. Nan de premye chapit liv Jenèz yo, ekriven an montre ki jan ke nan anyen menm, Bondye t'ap kreye yon anviwònman nan amoni pafè kote tout bagay devlope selon vwa li ak lwa ke Li detèmine pou benediksyon tout sa ke li te kreye yo. Detay la se ke nou pa janm kapab panse ke sa te rive fèt pa aza, nesesite oswa rezilta yon konsekans plizyè evènman; tout bagay te devlope selon plan pou ke Bondye te fè. Yon plan ki fèt nan sans Bondye, lanmou an (Jan 4:8). Tout kreyasyon an te yon prèv lanmou.

> Eske maryaj ke Bondye te kreye a se yon modèl ideyal epi san parèy?

Nan kontèks sa a, Bondye kreye moun. Li fè l' pòtre ak li. Li kreye yo gason ak fi (Jenèz 1:27), li te ini yo nan maryaj la (Jenèz.) 2:24) epi li te ba yo misyon pou jere tout kreyasyon an (Jenèz 1:28-30). Sa a se kote nou konprann ke orijin maryaj la se Bondye li menm epi Se poutèt sa nati li sakre. Bondye ki etabli maryaj la monogam ak etewoseksyèl kòm anviwònman pou konekte avèk li, kote chak konjwen kapab wè Bondye nan lòt la pliske yo te kreye nan imaj li; yon imaj ki antanke yon koup ki pwojte lòt moun yo nan fason y'ap mennen lavi yo chak jou nan fè egzèsis pèmanan nan renmen an. Yon konsepsyon ke Bondye te etabli depi nan kòmansman an, Bondye te ba li objektif akonpayman, kè kontan ak miltiplikasyon pou direksyon ak sans li. Pou fini, epi kòm eleman fondamantal ki montre kote ke se Bondye ki etabli maryaj la, nou jwenn prensip lanmou, kite, inite, egalite, diferans, konpleman ak pèmanans ke nou te wè nan leson 3 a 7 nan menm manyèl sa a. An konklizyon, maryaj se yon bon konsepsyon pou lòm, tankou jan nou kapab wè l la, Bondye te santi l totalman kontan: "Bondye gade sa l' te fè a, li wè l' bon nèt" (Jenèz 1:31a).

Ebyen, li nesesè pou ke jodi a nou poze tèt nou kesyon epi mande poukisa nou pran tout distans sa yo ak sa ke Bondye te etabli, sa ki pase menm? Lè sa a, nou pral wè ki jan peche a afekte tout bagay epi fondamantalman modèl maryaj ke Bondye te etabli a.

Peche a: Atak sou modèl orijinal la

Jak di: "Se poutèt sa, moun ki pa fè byen li konnen li gen pou l' fè a, li fè peche"(Santiago 4:17). Daprè Bib la ou ka konsidere ke moun ki fè peche a pandan li konnen sa ki bon oswa move, men yon fwa ke moun nan konnen sa ki bon an epi malgre sa, li aji nan yon fason ki kontrè, sa konsidere kòm peche. Pou nou swiv menm ide a, apot Pòl, ekri pèp kretyen nan lavil Women yo ... Non, wete sa nan tèt ou. Men, se lalwa a ki fè m' konnen sa peche ye. Se konsa mwen pa ta janm konnen kisa ki rele gen lanvi, si lalwa pa t' di m': Piga ou janm pote lanvi sou sak pa pou nou"(Women 7: 7). Yon lòt fwa ankò, nan Bib la nou jwenn prensip peche a antan ke moun ki vyole lalwa Bondye bay la ke lòm te déjà konnen. Yon fwa ke Bondye fin bay yon lwa oswa yon misyon, vyolasyon li se peche.

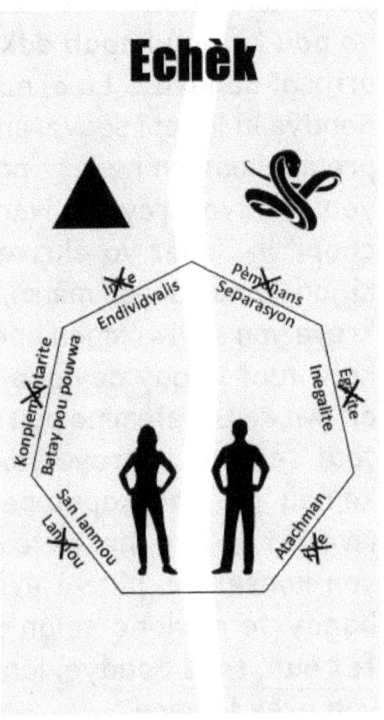

¿ Kisa peche ye? ?

Lèzòm (gason ak fi) te kreye siperyè a lòt espès yo nan talan, entèlijans ak kapasite pou rezone, pou fè diferans ant yon bagay ak yon lòt, ak kapasite pou antre nan kominyon (Jenèz 1: 26-28). Plan ki fèt pou lèzòm nan (gason ak fi) ta pèmèt yo pataje tout bagay nan amoni epi tou de jere tout kreyasyon Bondye a. Tèt ansanm ant gason ak fi a ta dwe fèt nan linyon nan yon fason oubyen yon lòt, epi yo ta kapab jwi tèt yo epi jwi tout bagay ke Bondye kreye yo. Bondye te pale ak nonm lan ak fanm lan epi pataje tout plan ak responsablite ke yo te dwe akonpli (Jenèz 1: 26-28), menm jan an tou, li te tou fè yo konnen limit yo epi avèti yo sa ki ta konsekans lan si yo dezobeyi (Jenèz 2: 16-17).

Nan Jenèz chapit 3 nou jwenn echèk lòm nan ak konsekans li yo"... Li manje, li pote bay mari l' ki manje tou ..." (v.6); sa a se premye peche ke nou jwenn ke lòm nan te komèt kont lòd ke Bondye bay la. Dezobeyisans kont Bondye a se li menm ki peche ki te pote tout chanjman sou tout kreyasyon an epi relasyon ki plis domaje a se pa nonm lan ak fanm lan ki te déjà fè yon sèl nan maryaj la.

Kounye a li pat menm bagay la pou viv nan anviwònman ke Bondye te kreye a. Atravè chapit sa a nou wè ke moun nan "...

chache pwòp egzaltasyon pou tèt li (vv.1-6). Rezilta a se te imilyasyon (vv.7-10), izòlman (vv.12-13), soufrans (vv.16-19...".[1] Dr. Wheat di sou sa: "Daprè Jenèz chapit 3, li dekri echèk gason ak fanm nan obeyi Bondye nan yon anviwònman ideyal; echèk yo te sòti nan yon eta inosan pou youn nan peche ak lanmò, pwomès ke Bondye te fè pou delivrans la, ak ekspilsyon de koup yo nan Jaden Edenn nan pou ke li te mennen yon lavi nan responsablite moral ak kondisyon ki nouvo epi ki vrèman difisil".[2]

"...li konnen jou nou manje ladan l', je nou va louvri. n'a vin tankou Bondye, n'a konn sa ki byen ak sa ki mal..." (Jenèz 3: 5). Eksplikasyon sa a te byen sonnen nan tande fanm lan (isha) epi li te aksepte. Anvi vin menm jan ak Bondye ta fè lanbisyon ak lògèy antre nan lòm. Plan Bondye a se te yon plan tèt ansanm nan mitan konjwen yo, men plan Satan toujou kontrè ak plan pa Bondye a, depi nan kòmansman li te tante mete dezinyon ak inegalite. Kòm konsekans peche a, nou wè ki relasyon ki genyen ant gason an ak fanm lan ke Bondye te etabli depi nan moman kreyasyon an pa ta menm bagay la ankò. Mari a ta dwe gouvène madanm lan epi madanm nan ta depann de gason an. Sa a ta kòmanse yon batay pou pouvwa ki ta ka reflete nan plizyè domèn diferan nan relasyon an. Sikonstans yo te chanje, li pa ta fasil pou viv daprè plan Bondye a pliske peche a ta rann li difisil.

> "...Jenèz chapit 3, li dekri echèk gason ak fanm nan obeyi Bondye nan yon anviwònman ideyal; echèk yo te sòti nan yon eta inosan pou youn nan peche ak lanmò, pwomès ke Bondye te fè pou delivrans la, ak ekspilsyon de koup yo nan Jaden Edenn nan pou ke li te mennen yon lavi nan responsablite moral ak kondisyon ki nouvo epi ki vrèman difisil".

Apati de Jenèz chapit 3, lòm nan (fanm ak gason) te travèse limit ke Bondye mete a epi li te pote destriksyon pasyal imaj Bondye a nan li kòm yon konsekans. Apati de la, lanmò ak konfli nan relasyon ant gason ak fanm nan te rantre. Tou de te pran distans yo, yo te kòmanse akize youn lòt, yo pa t wè tèt yo menm jan epi an konsekans, diferans yo te vin manifeste. Lide konplemantarite ak diyite a te kòmanse disparèt, sa te pito vin yon konfli. Nan fanm ki te deja wè sa tankou yon patnè se kounye a akòz pwoblèm nan "... fanm ou te ban m 'kòm yon patnè" (Jenèz 3:12). Nonm nan te sispann sèvi antanke konpayon ki te gade fanm nan avèk admirasyon an, daprè pwojè Bondye a, epi li te resevwa li (Jenèz 2:23) pou ke li te vin konvèti an yon akizatè epi ki pa kapab pran responsablite li.

"Lè w'ap fè pitit, m'ap fè soufrans ou vin pi rèd. Wa gen pou soufri anpil lè w'ap akouche. W'ap toujou anvi mari ou. Men, se mari ou ki va chèf ou"(Jenèz 3:16). Vèsyon Tradiksyon Amerik Latin nan: "Mwen pral ogmante soufrans nan gwosès ou yo epi ou pral fè pitit ou yo avèk anpil doulè. W'ap toujou bezwen yon nonm, epi li pral domine ou". Bondye pa ta janm mande pou sa te fèt konsa, se te konsekans lojik ki te vini pliske yo te pèmèt peche pran plas nan lavi yo". Men, soumèt anba volonte mari li se yon pati nan madichon li; e pafwa volonte sa a tèlman gen kapris ladan li, pa gen okenn moun ki kapab gen yon pinisyon ki plis fè mal pase viv anba dominasyon epi an menm tan an nan yon eta de libète ...".[3] Fanm lan pral nan yon kafou ant mari ki atire l 'ak otonomi l' yo. "Gason an, pou bò kote pa li, tou reponn dezekilibman: li pran avantaj sou sitiyasyon sa epi eksplwate li, pandan l'ap domine fanm nan. Kounye a, li wè li yon lòt jan, li chanje non an; se pa isha ankò (fanm), yon tèm ki vle di revele idantite li (Jenèz 2:23), men Èv (manman tout sa ki vivan), yon tèm ki mete aksan sou fonksyon li (Jenèz 3:20)".[4] Konvnans ki te planifye depi nan kòmansman te vin pase pou yon senp itilite epi seksyalite a te diminye an jis fè sèks. Apati de peche a, istwa a maryaj la te vin yon seri de pwoblèm ak batay ke sa te modèlize pou timoun yo epi rete de jenerasyon an jenerasyon tankou yon eta natirèl nan relasyon familyal jouk jounen jodi a.

> Apati de peche a, istwa a maryaj la te vin yon seri de pwoblèm ak batay ke sa te modèlize pou timoun yo epi rete de jenerasyon an jenerasyon tankou yon eta natirèl nan relasyon familyal jouk jounen jodi a.

Nan Jenèz 3:17 Bondye te di nonm lan: "... Ou koute pawòl madanm ou, pa vre! Ou manje fwi pyebwa mwen te ba ou lòd pa manje a. Poutèt sa ou fè a, m'ap madichonnen tè a. W'a gen pou travay di toutan pou fè tè a bay sa ou bezwen pou viv".

"Yon bagay ki natirèl tankou manje, travay ke yo ta dwe reyalize nan tèt ansanm nan yon fason byen òganize, trankilite ak tèt ansanm (Jenèz 1: 28-30), li ta vin transfòme sou yon chay lou pou gason an. Tè a pa ta menm jan ke li te ye a ankò, premye fètilite pafè a ta kounye a transfòme an pwoblèm kontinyèl (sechrès, inondasyon, elatriye) akoz efè peche a. Olye pou ke latè ta pwodwi bon grenn, li ta pwodui pikan ak move zèb ki ta fè travay la vin plis difisil (Jenèz 3:18). "Tè a va kale tout kalite pikan ak pengwen ba ou. W'a manje fèy ki pouse nan raje".[5]

Nou pa ka panse ke aprè peche tout bagay rete menm jan an, soti nan jaden Edenn lan. Inyon natirèl nan travay ak akonpayman an ant gason ak fi yo ta chanje akoz de konsekans peche a. Youn ta domine sou lòt la (Jenèz 3:20), egalite ak konplemantarite nan inegalite ak batay pou pouvwa; lanmou ki te fè yo ansanm nan ta vin konvèti an mank de lanmou ak rejè (Jenèz 3:12); prensip sa yo tankou jan pou yo kite, mete tèt ansanm epi pèsevere (Jenèz 2:24) ta chanje pou atachman, endividyalism ak separasyon. Malgre ke nonm lan ak fanm lan yo ta kontinye viv ansanm tankou yon bagay natirèl, li pap pi fasil, tou de ta dwe travay ak goumen ak tout tantasyon yo ak mal ki egziste deja. Pouvwa, enjistis, imilyasyon, mank de konpreyansyon ak desepsyon, nan mitan lòt fleo te antre nan mond lan epi yo pa ta sispann jiskaske yo rete tankou yon bagay natirèl nan lavi chak jou. Lèzòm (gason ak fanm), tankou rès kreyasyon an, yo ta dwe afekte anpil nan relasyon matrimonyal yo.

Redanmsyon an: Restorasyon nan modèl orijinal la

Nan Levanjil Jan an nou jwenn kote ke Jezi deklare objektif ki te lakoz ke li te vini epi se yon bagay ki te kontrè ak misyon pa lènmi Bondye a. Jezi di konsa : "Lè vòlè a vini, se vòlò li vin vòlò, se touye li vin touye, se detwi li vin detwi, se sa ase li vin fè. Mwen menm, mwen vin pou moun ka gen lavi, epi pou yo genyen l' an kantite"(10:10). Fòs ki nan pawòl Jezi yo pèmèt nou konprann severite ak objektif deklarasyon l lan. Lavi abondan, Jezi te di. Yon konsèp ki souvan te mal entèprete lè moun yo panse ke sa fè referans a "yon bon kantite de bagay", epi byen souvan ki gen rapò ak abondans materyèl.

> "Lè vòlè a vini, se vòlò li vin vòlò, se touye li vin touye, se detwi li vin detwi, se sa ase li vin fè. Mwen menm, mwen vin pou moun ka gen lavi, epi pou yo genyen l' an kantite" Jan 10:10 VLS.

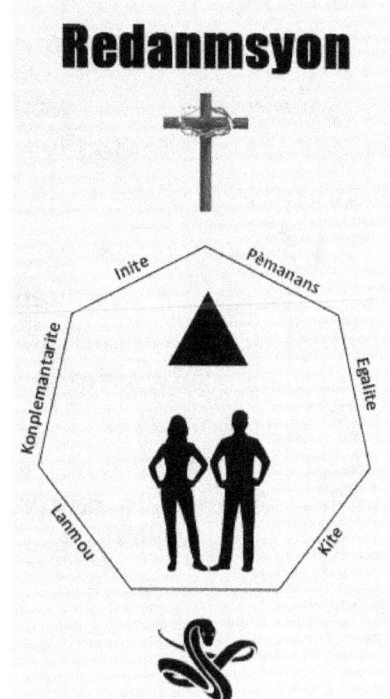

Lavi abondan ke Jezi te vin bay la se pou tout limanite, se lavi pandan ke nou isiba epi se kounye a ak lavi etènèl nan tan kap vini an avèk li; yon lavi ke sèlman li menm li kapab bay (Jan 10:28), yon nouvo lavi nan li ki genyen pou wè avèk anpil bagay ki se nouvo metòd ki mennen nan yon lavi ki kapab "viv nan abondans", jan ke Tradiksyon Langaj Aktyèl la tradwi li a (Jan 10:10). Yon lavi ke apot Pòl te konsidere lè li t'ap ekri moun Korent yo kòm yon nouvo kreyasyon nan Kris la. Apot la te fè wè klè ke nouvo kreyasyon, lavi plen, dezabiye de ansyen nati a te enpòtan anpil lè ke li te afime Si yon moun ap viv nan Kris la, li vin yon lòt moun. Bagay lontan yo disparèt, se lòt bagay nèf ki pran plas yo koulye a" (2 Korentyen 5:17).

Jezi te peye yon gwo pri pou nou, pwòp vi pa li. Li te fè l pou ke li te rachte nou anba peche, mete nou lib nan li epi ban nou lavi abondan. Redanmsyon Kris la ban nou opòtinite pou refèt nan li lè sa afekte tout bagay (tèt nou, relasyon ak parèy nou yo, ak Bondye ak kreyasyon l). Li ban nou opòtinite pou viv ankò nan modèl ke Bondye te etabli nan kreyasyon an. Sa gen ladan tout bagay, se poutèt sa apot Pòl te di: "Se Bondye menm ki te vle pou tou sa l' ye a, se sa pou Kris la ye tou. Se li menm tou ki te vle fè tout bagay byen avè li ankò, gremesi Kris la, tou sa ki sou latè ak tou sa ki nan syèl la. Li mete lapè toupatou, gremesi san Kris la ki koule sou kwa a" (Kolosyen 1: 19-20).

Lavi matrimonyal nou jodi a diferansye ak objektif Jezi ak sa ki te reyalize nan sèvis sakrifis yo. Sa bay enpresyon ke nou te aprann siviv epi konfòme nou avèk plèze sa ke Jezi te vin bay ak sa lavi nan Li a ta dwe ye. Peche a chanje tout bagay, epi nan yon jan kanmenm kenbe nou prizonye k ap viv nan fènwa nan chapit Jenèz 3. Definitivman, peche a te fè gwo domaj nan tout bagay ki te kreye ak maryaj la, li pat fè okenn eksepsyon, li te sant atak lènmi an.

Se konsa, nou bezwen retounen nan kòmansman epi restore modèl orijinal ke Bondye te planifye pou maryaj la lè li te kreye li a epi nan Kris la, Li te bay redanmsyon li.

Lè Bondye te vini nan Jezi, li te vin sove sa ki te pèdi (Matye 18:11). Nou wè ke genyen yon efò pou nou fè konprann ke plan orijinal Bondye a pat chanje, epi li te dwe viv nan tout domèn nan lavi a. Li te tèlman konsa, lè ke farizyen yo te konfwonte Jezi sou maryaj la, Li te fè referans a sa ki te ekri nan Liv la "Èske nou pa li ...", epi imedyatman li te mennen yo nan plan orijinal Bondye te bay yo a, nan plan orijinal Bondye a, Li site sa kòm sèl sous otorite.

"Se poutèt sa, gason an va kite papa l' ak manman l' pou l' mete tèt li ansanm ak madanm li, pou tout de fè yon sèl". Jezi neglije pozisyon lekòl relijye yo nan tan li (Shammai ak Hillel) ak enkyetid nan farizyen yo jwenn yon eskiz pou divòs (olye pou chèche restorasyon), li di yo "...Se paske nou gen tèt di kifè Moyiz te ban nou dwa kite ak madanm nou. Men, nan konmansman se pa t' konsa..." lè li te mete aksan sou modèl original la yon fwa ankò.

Evanjelis Matye te ekri "... Se poutèt sa, gason an va kite papa l' ak manman l' pou l' mete tèt li ansanm ak madanm li. Yo tou de va fè yon sèl kò. Konsa, yo pa de ankò, men yo fè yon sèl kò. Se poutèt sa, pesonn moun pa gen dwa separe sa Bondye mete ansanm "(Matye 19:5-6). Inyon sa a se yon inyon ki pa kapab separe san li pa kraze. "Mare ansanm tankou bèf ki mare nan ploug la, yo chak dwe tire menm jan, pou yo kapab ale devan".[6] Nan pasaj sa yo, Jezi pa sèlman di ke yo pral fè yon sèl men tou li souliye, "...moun pa separe sa ke Bondye mete ansanm". Yo tou de vin fè yon sèl kò nan entimite ak nan angajman nan inyon seksyèl rezève sèlman pou maryaj la. Li enteresan pou wè jan ke pèp la te devye byen lwen plan Bondye a, men sa pa t vle di ke plan an te chanje. Se poutèt sa ke Jezi te pran sa ki te nan fòmil orijinal la epi raple yo ke separasyon maryaj la pa t nan plan Bondye: "... Se poutèt sa, pesonn moun pa gen dwa separe sa Bondye mete ansanm" (Matye 19: 6b). Lè yon gason ak yon fanm deside marye, Bondye ini yo. Desizyon pou mete tèt yo ansanm nan se yo menm ki pran l, men Bondye fè yo fè yon sèl. Jezi t ap anseye ke aksepte Divòs se yon dezobeyisans pou yon bagay Bondye apwouve.

Sa ke Bondye ini pa kapab kraze. Ki jan nou menm antan ke moun pretann defèt sa ke Bondye te fè? Konsa, Jezi te retabli egalite ki te orijinèlman egziste ant gason ak fanm lan. Se sa li te fè (v. 3) lè li refize rejè mari l (v.8) epi li te fè yon apèl pou pa aksepte divòs (v.9) kòm yon bagay Bondye apwouve.

Apot Pòl tou ede nou konprann ke redanmsyon an tou te rive atenn maryaj la nan yon fason ke li kapab mennen retounen nan Paradi kreyasyon an. Apati de la, Pòl swiv liy Jezi a lè ke li rann fanm yo gen diyite epi bay maryaj la yon nouvo prensip nan Kris la.

> Se apot Pòl ki te plis pale de maryaj la nan Nouvo Testaman an. Tout tèks li yo mennen nan restorasyon maryaj nan modèl ke Bondye te kreye a.

¿ Poukisa ou panse Jezi, nan Matye 19:4-5, te reponn Farizyen yo ak yon kesyon konsènan Jenèz 1:28 ak 2:24? ?

Nan 1 Korentyen 7:3-5, Pòl touche tèm akò mityèl yo, egalite ak inite nan maryaj la. Yon fwa ke nou fin marye, li di ke nou remèt tout tèt nou bay mari oswa madanm nou (v. 4), epi afime "ki relasyon ki genyen ant seksyèl moun ki marye se pa sèlman yon aspè ki valab nan maryaj la, men tou yon obligasyon ki konsistan avèk bezwen ak dezi. Vèb la tradui konfime vle di pa akòde yon favè men akonplisman yon obligasyon isit la nan mari a madanm lan ak madanm lan bay mari a".[7] Apot la fè wè klè ke nan maryaj la, lavi yo dwe pataje nan tout bagay ak tout totalite epi tout bagay dwe fèt pa yon akò mityèl.

Li pale tou sou prensip pèmanans lan (I Korentyen 7:10-11). Nan sans Pòl refere a lòd ke Jezi te deja bay (Matye 19:3-9; Mak 10:1-12 ak Lik 16:18). Nan fè referans sa a, Pòl suiv liy Jezi a epi entèprete ke mari oswa madanm yo dwe rete ini ak fè fas a konfli yo, chèche rekonsilyasyon. "Si yon fanm divòse ak mari l, li dwe rete san marye oswa li dwe rekonsilye ankò avèk mari a, sa vle di, li dwe rekòmanse inyon matrimonyal la".[8] Nan pasaj sa a Pòl fè apèl ak idantite krisyanis la. Gason ak fi yo rekonsilye epi Bondye epi di yo ke yo dwe kèk ajan rekonsilyasyon (II Korent 5:18-20; Wòm 5:10-11; Efezyen 2:16 ak Kolosyen 1:20-22), aksyon ki dwe kòmanse nan maryaj la.

Apot la te ekri nouvo konvèti ki nan Efèz yo ki t'ap mennen kalite lavi ki te kontrè ak nouvo lavi nan Kris la. Nan tan sa a, maryaj te yon relasyon ki gen pouvwa ak dominasyon gason an sou fanm lan. Rezon ki fè li te ekri kòmandman yo (lòd yo) ki byen egzat pou mesye marye yo (Efezyen 5:25-33) pandan ke li te ekri (endikasyon) pou madan marye yo (Efezyen 5:22-24) se repons li anvè mari ki anba pouvwa Lespri Bondye a epi ki genyen krent pou Bondye (Efezyen 5:21). Pòl te panse ke renmen an se te chemen ki pi ekselan pou relasyon ant moun avèk moun (1 Korentyen 12:31-13:8), se konsa li te fè entwodiksyon an pou lamarye ki t'ap viv nan epòk sa a. Se yon bagay ki bèl si nou panse ke se lanmou ki te fè Kris la te vin fèt nan mitan nou an, Li te bay absoliman tout bagay e ke li renmen moun ki pa merite li (Jan 3:16; Filipyen 2:1-11).

Lè apot la te ekri "...medam yo, soumèt devan mari nou tankou nou soumèt devan Seyè a" (Efezyen 5:22) li te fè sa pou kontinye lè ke li di "soumèt youn ak lòt nan krentif pou Bondye" (Efezyen 5:21), ki endike ke soumisyon sa se yon bagay mityèl epi se pa pou yon sèks espesifik. Li pa t ekri pandan ke li t'ap panse ak otorite, men sou restorasyon modèl ki nan Jenèz 2:24. Relasyon ki genyen ant mari oswa madanm ke ekriven an prezante mennen yo nan inite yon sèl kò soumèt devan Bondye.

Mo "tèt" la nan (Efezyen 5:23) te souvan itilize pou kominike otorite mari a sou madanm lan. Men nan panse apot Pòl, li pa posib pou nou panse ke li te vle etabli yon yerachi sèks oswa defini yon liy otorite nan relasyon matrimonyal la. Tout sa endike ke se mo tèt la ki itilize nan sans Jenèz 2:21-22 "orijin" oswa "sous lavi" (1 Korentyen 11:11-12). Pòl te fè wè byen klè ke yon kote, relasyon maryaj la ak fanmi Bondye a plase pi wo pase tout bagay epi li pat janm delege plas li ak otorite li bay kèk sèks.

Apot Pòl t'ap tante bay maryaj la valè sakre ke Bondye te ba li depi nan kòmansman an epi detèmine mari oswa madanm nan kòm kreyasyon Bondye a ki nan yon relasyon egal (Efezyen 5:21).

Li difisil pou anpil moun konprann ke redanmsyon Kris la se yon bagay ki total, epi se poutèt sa tou rive nan maryaj la. Li konpreyansib pou ke se konsa sa ye, paske nou kontinye ap viv nan yon mond ki afekte avèk peche, yon limanite echwe k ap viv nan kèk sistèm ki pèvèti k'ap sedwi nou pou rann nou enkòpore nou nan estil peche yo pandan n'ap deplase modèl pa Bondye a.

Konklizyon

Nan plizyè okazyon, ak enkyetid, nou tande yo toujou pale de legliz ki an sante, men souvan yo bliye si sante legliz la gen rapò dirèk avèk sante manm li yo. Wi, epi avèk menm lide a nan lespri, nou kapab panse ke yon legliz an sante se si li genyen maryaj li yo an sante. Howard Snyder, nan liv li a ki se Sali pou tout Kreyasyon Kòmanse pandan l'ap mande, èske kapab genyen yon legliz ki an sante nan yon planèt ki malad?[9] Nou pa kapab viv lavi matrimonyal la san ke nou pa poze tèt nou kesyon epi mande mari oswa madanm nou an nan ki pwen n ap viv relasyon nou an nan abondans ke Jezi te pote. Èske nou retabli modèl orijinal Bondye a nan maryaj nou an? Èske n'ap eseye entansyonèlman chak jou? Bondye vle ke se konsa pou l ye!

Aktivite yo

Enstriksyon yo

Daprè tout sa ki etidye deja yo, dekri modèl maryaj ke Bondye te etabli a.

Espesifikman, ki domaj ke peche a te lakoz?

Nòt ak Bibliyografi

Leson 1:

1- Tèm ebre a Adam parèt 25 fwa nan de premye chapit Jenèz la. Itilizasyon ki plis komen se lòm oubyen limanite, epi yo pa egzije okenn idantifikasyon ak sèks gason an. Lòt referans ki fèt nan menm liy panse a se Jenèz 5: 2: "Li kreye yo gason ak fi. Li beni yo. Jou li kreye yo a, li rele yo moun". Trè raman Adam te itilize kòm bon non premye gason an. Tèm ebre pou gason an se ish epi tèm ebre pou fanm lan se isha (menm rasin lan). An reyalite, jouk Jenèz 2:22 pa gen okenn distenksyon sèks ki mansyone kèk, yo toujou pale sou lòm nan oswa limanite.

2- West, Christopher. Bon nouvèl sou sèks ak lamarye a. DidacBook Publishing, Etazini, ane 2015 p. 22

3- Paul Amato, "Enpak nan Fanmi Chanjman Fòmasyon sou WellBeing a kognitif, Sosyal ak emosyonèl nan pwochen jenerasyon an", Avni Timoun yo, 15, 2005, p. 78. (site nan: Maryaj la enpòtan. Venn-sis konklizyon nan syans sosyal yo. © 2007, Social Trends Institute. Barcelona, Espay. http://www.socialtrendsinstitute.org/upload/publications/family/el-matrimonio-importa/Elmatrimonioimporta.pdf)

4- https://www.infobae.com/america/tecno/2018/02/27/como-hacer-que-el-smarthpone-deje-de-dominarnos-y-aprender-a-usarlo-en-nuestro-beneficio/

5- Maryaj la enpòtan. Venn-sis konklizyon syans sosyal yo. © 2007, Social Trends Institute. Barcelona, Espay. http://www.socialtrendsinstitute.org/upload/publications/family/el-matrimonio-importa/Elmatrimonioimporta.pdf

6- Maryaj Sakre. Editoryal Vida. Etazini, ane 2011. p.11

Leson 2:

1- Hahn, Roger L. Bati yon maryaj. KNP Editorial, Etazini: 2009, p.16.

2- Moore, Frank. Reyinyon. KNP Publishing, Etazini: 2009, p.20

Leson 3:

1- Real Academia Española. (2014). Diksyonè nan lang Panyòl (23.aed.). Consultado en http://www.rae.es/

2- Real Academia Española. (2014). Diksyonè nan lang Panyòl (23.aed.). Consultado en http://www.rae.es/

3- Barclay, William. Mo grèk nan Nouvo Testaman an. Editoryal Kay Batis de Piblikasyon, Etazini 2003.

4- Thomas, Gary. Maryaj Sakre. Editoryal Vida. Etazini, ane 2011. p.17

5- Lewis, C.S. Krisyanis … epi pa gen anyen ankò! Editoryal Caribe. Etazini, 1977. p.112

6- Thomas, Gary. Maryaj Sakre. Editoryal Vida. Etazini, ane 2011. p.17

7- Linero Gómez, Alberto. Si ou tonbe damou, pa marye. Editoryal Planèt Venezyelyèn. Venezyela. Ane 2016, p.49.

Nòt ak Bibliyografi

Leson 4:

1- Wenham, Gordon J. Pawòl Biblik Ladann: Jenèz 1-15. Etazini. Liv Pawòl Editoryal. Ane 1987, p. 70.

2- Hamilton, Victor P. Nouvo Liv Istorik Entènasyonal la sou Ansyen Testaman an: Liv Jenèz la, Chapit 1-17. Etazini. Grand Rapids nan Piblikasyon: William B. Eerdmans Publishing Company. Ane 1990, p.181.

3- Wenham, Gordon J. Pawòl Biblik Ladann: Jenèz 1-15. Etazini. Liv Pawòl Editoryal. Ane 1987, p. 71.

4- Real Academia Española. (2014). Diksyonè nan lang Panyòl (23.aed.). Consultado en http://www.rae.es/

5- Mack, Wayne. Ranfòse Maryaj la, Etazini. Editoryal Grand Rapids: pòt pawòl. Ane 1992, p.11

6- Ekspresyon "boule bato yo" itilize pou fè referans ak kontinye avanse san posibilite pou retounen. Ekspresyon an genyen de sous pou pi piti. Dat ki pi ansyen an soti nan 335 AC epi li rakonte ke lè Aleksann Magno te ateri nan rejyon peyi Finisi a, li te wè ke lènmi yo te plis pase yo nan nimewo e ke lame pa l la yo te pè epi sanble déjà pèdi depi avan batay la. Se lè sa a ke Magno te bay lòd pou boule bato yo epi pandan ke yo t'ap boule li te di yo: "Obsève kijan bato yo boule. Se sèl rezon ki fè nou dwe genyen paske si nou pa genyen, nou pap kapab retounen lakay nou epi okenn nan nou pap kapab reyini ak fanmi yo ankò, ni yo pap kapab kite peyi sa ke nou meprize jodi a. Nou dwe pote viktwa nan batay sa a pliske se sèl mwayen ki genyen pou nou retounen epi se atravè lanmè a. Mesye: lè nou dwe retounen lakay, nou pral fè l 'nan sèl fason posib, se sou bato lènmi nou yo". Dezyèm sous lan rapòte ke Hernán konkeran Espanyòl Hernán Cortes nan konkèt Meksik la nan ane (1521) te bay lòd pou koule (pa boule) pi fò nan bato li yo epi objektif la se ke okenn moun pa genyen tantasyon akòz difikilte misyon an.

7- Travay, pwofesyon oswa karyè. Li nesesè pou kite yon travay paske w sèlman anvi fè sa, men lè ke se travay, pwofesyon oswa karyè konpetisyon ak kote mari oswa madanm mwen nan se priyorite, oswa nan nenpòt ki fason kondisyon relasyon mwen an. Pa egzanp, lè youn nan mari oswa madanm yo ofri yon opòtinite pou travay oswa yon gradyasyon nan yon lòt vil epi ki deside kite kèlkeswa jan li afekte lòt la paske li te di sa, ou pa kapab rate opòtinite sa a. Oswa lè youn nan mari oswa madanm yo ap travay nan biznis fanmi an epi aprè maryaj li kontinye travay malgre lefèt ke nan relasyon travay fanmi an enfliyanse desizyon maryaj la. Kite vle di: Bondye an premye, aprè sa, mari oswa madanm lan answit, ti moun yo epi aprè sa a, tout lòt bagay yo. Konjwen an ta dwe priyorite apre Bondye menm lè timoun yo rive. Nan ka sa a, se pral: Bondye an premye, answit, mari oswa madanm lan, answit, timoun yo ak tout lòt bagay yo an dènye.

8- "Mwen te rankontre kèk moun ki pa t kapab abandone relasyon yo ak kamarad lachas yo obyen jwèt gòlf lontan lakoz yo vin pa genyen ase tan pou madanm yo. Genyen kèk lòt ki pa menm kapab detache tèt yo ak espò k'ap pase sou televizyon pou yon ti tan pou yo pale ak madanm yo". Thomson, Les. Fanmi an. Editoryal Unilit nan Piblikasyon. Etazini. Ane 2003, p.19.

9- Riso, Walter. Detache san anestezi. Editoryal Planèt Kolonbyen. Kolonbi. Ane 2012, p.18.

10- Si pou nenpòt ki rezon, youn nan konjwen yo deside mennen paran yo vini viv nan kay la, yo dwe konnen ke wòl yo vin chanje apati de moman sa. Yo vin pa paran ki t'ap edike, fè egzèsis otorite ak kontwòl tankou lè yo te timoun oswa pou kont yo epi ki t'ap viv lakay yo a. Yo dwe konprann ke yo pa rete lakay pitit gason yo oswa pitit fi yo epi yo dwe konnen ke kounye a fonksyon yo vin diferan, nou ka di yon wòl segondè. Natirèlman, sitiyasyon sa a ta dwe diskite nan lapriyè ak lekti Pawòl la ant mari oswa madanm yo (anvan yo pote yo al viv avèk yo) pou rive jwenn yon akò solid ki pèmèt yo fè fas ak sitiyasyon an.

Nòt ak Bibliyografi

Leson 5:

1- Vine, Diksyonè Ekspozisyon Pawòl nan Ansyen ak Nouvo Testaman. Vine, W.E. Editoryal Caribe, Etazini. Ane 1999, p.283

2- Pye rezen, Dlo Expository nan Mo nan ansyen an ak Nouvo Testaman Egzostiv. Vine, W.E. Editoryal Caribe, Etazini. Ane 1999, p.283

3- Diksyonè Egzejetik Nouvo Testaman. Vol. 1. Horst Balz ak Gerhard Schneider. Editoryal Swiv mwen, Espay. Ane 1996, p.2370.

4- Real Academia Española. (2014). Diksyonè nan lang Panyòl (23.aed.). Consultado en http://www.rae.es/

5- Real Academia Española. (2014). Diksyonè nan lang Panyòl (23.aed.). Consultado en http://www.rae.es/

6- Morris, Larry R. Bati yon maryaj. KNP Editoryal, Etazini, ane 2009, p.17.

7- Morris, Larry R. Bati yon maryaj. KNP Editoryal, Etazini, ane 2009, p.16.

8- Lewis, C. S. Krisyanis ... epi pa gen anyen ankò! Editoryal Caribe, Etazini. Ane 1977, p.107.

9- Thomas, Gary. Maryaj sakre. Editoryal Vida, Etazini, Ane 2011, p.100

Leson 6:

1- Pwovèb "chosèt jòn nan" soti nan yon mit teyat "Bankè" Platon an (380 aC). Teyat la baze sou renmen epi anpil pèsonaj diferan pale de li. Komedyen grèk Aristophanes te di ke nan kòmansman an moun yo te won, yo te gen kat kwen, yon sèl tèt ak de fas. Te gen twa klas: gason-gason, fanm-fanm ak androjin nan: gason-fanm. Èt sa yo te vin santi lanmou youn pou lòt, yo te vin fè pitit ki sanble avèk yo, lè yo te kite semans yo tonbe sou latè. Yo te fò ak fyè pliske yo te rann yo kont ke yo te tankou dye yo epi deside leve kont yo. Jipitè te pini yo lè li te koupe yo an mwatye epi li te voye Apolo pou geri blesi a epi vire figi yo yon fason pou ke yo te toujou sonje derespektan yo a. Se konsa ke depi jou sa, èt yo ap chèche mwatye lòt yo. (Platon, Konplete Travo, edisyon Patricio de Azcárate, Tòm 5, Madrid 1871, pp 289-291).

2- Mo ebre "tzela" tradisyonèlman te tradwi kòm "kòt", byen ke siyifikasyon li se "Akote, bò" (tout bò a oswa bò kote a). Nan Septwajinta (tradiksyon grèk Ansyen Testaman an), Yo itilize mo grèk "pleura" ki vle di sèlman "bò", espesyalman bò nan kò a. Grèk la di ke Bondye "te pran youn nan kote li... epi li te transfòme bò a an yon fanm" (Jenèz 2:21). Se poutèt sa, nou ka di ke fanm lan te literalman te retire, separe ak lòm nan, se pat gason an. Gason an (ISH) te kontan anpil lè li te rankontre fi a (isha). Nan Jenèz 2:22 se premye fwa mo "ish" gason an ak "isha" fi parèt.

3- Rapò "Demann pou ti gason yo: prèv divòs, fètilite ak maryaj fòse", fèt pou Biwo Nasyonal Etazini pou Rechèch Ekonomik Etazini. Atik ki parèt nan jounal La Nación nan Buenos Aires, Ajantin, sou 6 mas 2004. https://www.lanacion.com.ar/578992-como-influye-la-preferencia-por-tener-hijos-varones-en-la-familia

4- Feminisid. https://oig.cepal.org/es/indicadores/feminicidio

5- Vyolans sèks la se sa ke anpil fanm soufri akoz de reyalite a sèlman. Se menm bagay la tou ki pase dèske li pwoteje pa mwayen yon kilti patriyakal ki lejitimize li, natiralize ak tolere vyolans sa a epi diskriminasyon toujou repwodwi atravè modèl kiltirèl yo.

Nòt ak Bibliyografi

6- Jounal Pedyatrik Kiben. ISSN 1561-3119 http://www.revpediatria.sld.cu/index.php/ped/article/view/12/11

7- Konsèy Apostolik pou layik yo. Sit wèb: http://www.laici.va/content/laici/es/sezioni/donna/tema-del-mese/Complementarita.html

8- Popilasyon Mondyal la. https://countrymeters.info/es/World

9- Nan plizyè tradiksyon, lè nou tradwi mo ebre Adan an, gen konfizyon ant mo sa yo "lòm", "gason" ak non pwòp la. Isit la, siyifikasyon li se moun.

10- Morris, Larry R. Bati yon maryaj. Editoryal Casa Nazarena de Publicaciones, Etazini, Ane 2009. p.14

11- West, Christopher. Bon nouvèl sou sèks ak maryaj la. DidacBook Publishing, Etazini, ane 2015 p. 22

Leson 7:

1- Konbyen tan yon maryaj mwayèn kapab dire nan tout mond lan? Matthew Schimkowitz http://www.hopesandfears.com/hopes/city/city_index/214133-city-index-marriage-lengths

2- Botero, José Silvio. Koup imen ant syèl ak latè a. Editoryal San Pablo. Kolonbi, ane 1995.

3- Atik "4 gwo erè mwen te fè antan ke yon madan marye (Psst! Koulye a, mwen se ansyen an)" pibliye 12 Desanm 2014 pa Sloane Bradshaw sou liv li a ki se Tango. https://www.yourtango.com/2014245688/4-big-mistakes-i-made-wife-psst-im-ex-wife-now#hide

Leson 8:

1- Taylor, Richard. Diksyonè Teyolojik Beacon. KNP Publishing, Etazini. Ane 1995. Elwood Sanner. p.505

2- Wheat, Ed, Dr. Lanmou ki pa etèn nan. Editoryal Betania, Puerto Rico, 1984. p.36

3- Barclay, W. Kòmantè sou Nouvo Testaman an, Vol. 10. Ediciones La Aurora, Ajantin. Ane 1984. p.11

4- Maldonado, Jorge. Fondman Biblik- Teyolojik nan maryaj ak fanmi an. Editoryal Nouvo Kreyasyon, Ajantin. Ane 1995. p.33

5- Barclay, W. Kòmantè sou Nouvo Testaman an, Vol. 10. Ediciones La Aurora, Ajantin. Ane 1984. p.11

6- Barclay, W. Kòmantè sou Nouvo Testaman an, Vol. 1. Ediciones La Aurora, Ajantin. Ane 1984. p.71

7- Kòmantè Biblik Beacon, Volim 8. Editoryal KNP, Etazini. Ane 1969. p.402

8- Richard Taylor. Diksyonè Teyolojik Beacon. KNP Publishing, Etazini. Ane 1995. p.2234

9- Snyder, Howard. Sali a nan tout kreyasyon an. Edisyon Kairos, Ajantin, Ane 2016, p.11